私の保育 総点検

監修 社会福祉法人
　　 日本保育協会
著　 横山洋子

Checking

中央法規

監修のことば

　核家族の進展、地域のつながりの希薄化、共働き家庭の増加、兄弟姉妹の数の減少など、子育て家庭や子どもの育ちを巡る環境が大きく変化したことを背景に、平成27年4月に「子ども・子育て支援新制度」が施行され、新しい保育の時代が始まっています。

　こうした中、新たに保育の現場に立つこととなった皆様に対する保育現場からの期待は大きなものがあります。一方で、これから現場に立たれる保育者の皆様は、様々な不安や戸惑いを感じることもあるのではないかと推察いたします。

　当書は、保育現場に立たれて間もない新任の保育者や、キャリアにブランクのある保育者のために、日常の保育に求められる実践力や専門性の基礎をわかりやすく解説した実務書シリーズとして企画されました。「0歳児から2歳児の指導計画」「3歳児から5歳児の指導計画」「活動記録など保育の記録の書き方」「けがや事故予防の視点と実際」「よい保育・やってはいけない保育からの実践方法」をテーマとしたシリーズとして発刊することとなりました。

　皆様が当書を活用し、今後更に求められる保育の実践力や専門性を培われ、ますますご活躍されることを心より期待しています。

社会福祉法人　日本保育協会

はじめに

　自分の保育を振り返り、「あの援助はあの子にとって適切だったかな？」「この子はこの遊びを通して、このような面がずいぶん育ってきたぞ」と、子どもの育ちを確かめ、自分の援助を検討することは、保育の質を向上させるうえで欠かせない営みです。この本を手に取ってくださったみなさんは、日常的に日誌や自分専用ノートに記録や反省を書いていらっしゃることでしょう。
「子どもが喜んで活動していた」「子どもが自ら意欲的に考え始めた」などの姿を見ると嬉しくなり、「いい保育だった」と自分をほめたくなります。一方、やる気のない子どもたちを叱咤激励しながら練習させていた日は、「私、こわい先生になってるわ」と落ち込むかもしれません。
　でも、ちょっと待ってください。いったい、何に照らして、今日の保育は良かった・悪かったと判断しているのでしょうか。先輩保育者にほめられたから良かった、注意されたから悪かったですか？　そのような時期を経ながら、しだいに自分で見極められるようになってきましたよね。
　私の保育の中心はどこにあるのか、考えてみましょう。養成校で学んだ保育の理想ですか？　勤務している園で、先輩から教わったことですか？　保育雑誌の

　記事で学んだ内容ですか？　保育には、さまざまな考え方があり、やり方があります。園の方針もいろいろです。Ａ園の常識は、Ｂ園の非常識ということもよくあります。一概に、これがよくて、あれがだめとは言えないのが難しいところです。

　それでも、中心に据えなければならないのは、「子どもにとってよいことか」です。「この保育で、子どもの何が育つのか」を明確にしなければなりません。大人の都合で、子どもを動かしてはいけないのです。

　さあ、「私の保育」を総点検してみましょう。今まで当たり前だと思ってやってきたことが、本当に子どものためになっていたのか、確認しましょう。よかれと思っていた援助が、子どもに間違った方向づけをしてしまう場合もあるのです。

　本書では74の保育のＮＧ場面を取り上げました。「あ！　やっている！」と思わずつぶやく場面もあるかもしれません。その保育のどこが問題なのか、どのように対応すべきなのかも詳しく解説しています。

　裏表紙を閉じた際に、みなさんの保育の中心が凛と浮かび上がってくることを心から願います。どうぞ、自信をもって子どもとの新たな一日を歩み出してください。みなさんの保育を力いっぱい応援しています。

横山洋子

根拠がわかる！
私の保育 総点検
CONTENTS

監修のことば …… 3
はじめに …… 4
本書の特長と使い方 …… 10

序章　保育者の役割

保育者の使命　子どもの「生きる力」を育む …… 12
保育者の援助　子どもに「生きる力」を育む経験ができるようにする …… 15
保育者の心得　子どもに寄り添い、全力で支える …… 20
子どもの発達を読み取るコツ …… 24

第1章　やってはいけない！ 保育のNG
〜生活・園行事編〜

SCENE 登園
登園する全員の子どもに、大きな声で「おはよう！」とあいさつする …… 28
登園を嫌がる子どもを親から引き離す …… 30

SCENE 集まり
朝の集まりの前に、「みんな集まってー」と大声で呼ぶ …… 32
朝の集まりを嫌がる子どもに「決まりだよ」と参加させる …… 34
活動に参加しない子どもに「もう来なくていいよ」と言う …… 36
ふざけて場を乱す子どもに、くり返し注意をする …… 38

SCENE	
散歩	子どもの安全第一。目的地の公園まで、寄り道しない …… 40
	ふざけて車道へ飛び出した子どもに、後でじっくり言い聞かせる …… 42
	公園で子どもが遊ぶ様子をただ見ている …… 44

SCENE	
生活	「手を洗う時間ですよ」と声をかけ、並ばせる …… 46
	「トイレに行っていいですか？」と、子どもが言う …… 48
	うそをついた子どもに「うそつきは泥棒の始まりだよ！」…… 50
	「先生、来て！」と言われたら、呼ばれた順番に行く …… 52
	子どもの甘えには取り合わない …… 54
	動物を怖がる子どもに、当番活動をさせない …… 56
	「誰がいちばんかな？」と活動を促す …… 58
	ルールを守らない子どもを、「だめだよ！」と叱る …… 60

SCENE	
食事	食事がすすまない子どもに「がんばって食べようね」と声をかける …… 62
	好き嫌いは、克服させる …… 64
	一人で食べられる子は、安心なのでノータッチ …… 66
	はしをうまく使えない子どもに、指導しながら食事をする …… 68
	好きな友だちと食べられるように、昼食は自由席 …… 70

SCENE	
降園	帰りの会で半分以上、保育者が話す …… 72
	降園時に、声をそろえてあいさつさせる …… 74

SCENE	
記録・引き継ぎ	記録は、その日の出来事をすべて書きだす …… 76
	引き継ぎで「特に変わったことはありません」と伝える …… 78

SCENE 園行事	生活発表会が成功するよう、何度も練習させる …… 80
	行事の進行やあいさつは、やりたい子だけにさせる …… 82
	作品展では、同じテーマの製作物を並べる …… 84
	column 「がんばれ」「すごい」の多用はNG …… 86

第2章 やってはいけない！ 保育のNG
～遊び・人間関係編～

SCENE 自由遊び	遊び方を、いちからていねいに教える …… 88
	砂場の道具は、どの年齢も同じものを使う …… 90
	片づいた保育室で保育者が選んだおもちゃだけで遊ばせる …… 92
	トラブルにならないよう、保育者がままごとの役を決める …… 94
	ごっこ遊びに「何しているの？」と声をかける …… 96

SCENE 設定遊び	走るのが苦手な子どもに競争させる …… 98
	縄跳びは、やりたい子だけがする …… 100
	保育者が作ったサーキットで、子どもを遊ばせる …… 102
	活動は、必ず日案どおり …… 104

SCENE 表現遊び	作品がきれいに仕上がるよう、ていねいに準備する …… 106
	絵のテーマを当日に伝える …… 108
	「何を描いたの？」とたずねる …… 110
	早く作り終えた子どもを、全員が終わるまで待たせる …… 112
	絵に時間がかかる子へ「急いでね」とせかす …… 114
	作りかけの作品。増え過ぎたら、さりげなく捨てる …… 116

根拠がわかる！
私の保育 総点検
CONTENTS

| SCENE 人間関係 | 友だちに「貸して」と言われたら「いいよ」と言うよう指導する …… 118
友だちを仲間に「入れてあげなさい」と指導する …… 120
トラブルはすぐに仲裁する …… 122
トラブルの後、「ごめんね」と言わせる …… 124
意地悪をする子どもに、何も言わない …… 126
「暴力はいけません！」とくり返し言う …… 128
column　3・4・5歳児にたっぷり経験させたい遊び …… 130 |

第3章 保護者対応のNG

| SCENE 保護者対応 | 他の子どもと比べて、できないことを告げる …… 132
保護者からの要望は、すぐに受け入れる …… 134
連絡帳で子どもの困った行動を伝える …… 136
保護者の悩みには、「大丈夫ですよ」と答える …… 138
column　子育て支援も保育の仕事 …… 140 |

第4章 マナーのNG

| SCENE マナー | 身だしなみ …… 142
あいさつ …… 144
立ち居振る舞い …… 146
言葉づかい …… 148
自己管理・情報管理 …… 150 |

Read me

本書の特長と使い方

特長
- 本書では、保育のさまざまな場面で、保育者として「やってはいけないこと」をあげています。なぜいけないのかを考え、子どもにとっての望ましい保育につなげてください。
- 本書は、2部構成になっています。
  保育者の役割 ―「保育者の役割」への理解、保育という営みの根幹にあるものを学びます。
  やってはいけない！ 保育／保護者対応／マナーのNG ― やってはいけない保育の事例を通して、「保育者の役割、保育で大切にしたいこと」への理解を深めるとともに、保育の具体的な方法を学びます。

使い方

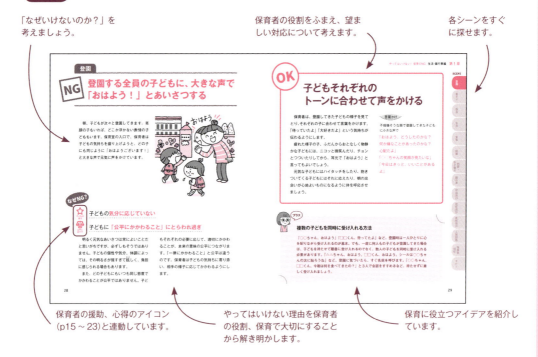

「なぜいけないのか？」を考えましょう。

保育者の役割をふまえ、望ましい対応について考えます。

各シーンをすぐに探せます。

保育者の援助、心得のアイコン（p15～23）と連動しています。

やってはいけない理由を保育者の役割、保育で大切にすることから解き明かします。

保育に役立つアイデアを紹介しています。

序章

保育者の役割

本章では、「やってはいけない保育」の根拠となる、保育の目的と保育者の役割について考えます。

> 保育者の
> **使命**

子どもの「生きる力」を育む

保育をするうえで意識したいのは、子どもの「生きる力」を育むこと。それがなぜ保育者の使命なのか、「生きる力」とは具体的にどのようなことなのか考えます。

人の一生において乳幼児期は、生涯にわたる人間形成の基礎を培う重要な時期です。その生活時間の多くをともに過ごす保育者は、子どもの成長に大きな影響を及ぼします。

保育者は、子どもがよりよい人生を歩めるように、先を見通して援助をします。ここで育みたいのは、子どもの「生きる力」です。

人生にはつらいことや大変なときもあります。そのような場合でも、自分の心と体を大切にしながら、社会の中で自分の進む道を見極め、生きていかなければなりません。その原動力になるのが「生きる力」です。

乳幼児期に育まれるのは、「生きる力」の基礎であり、これからの人生の土台になります。その力を育むことが、保育者に求められる最も大きな使命だといえるでしょう。

生きる力①
自分で考え、自分で行動し、自分で責任をとる力

　「生きる力」の中心には、主体性があります。主体性とは、「自分の人生を自分で歩いていく態度」です。進路など人生の岐路に立った際、自分で道を決めなければ、自分の人生を自分で歩いていることになりません。

　自分の道を自分で決められるようになるには、「自分で考え、自分で行動し、自分で責任をとる」経験を積む必要があります。

　乳幼児であれば、「自分で選ぶ」ことから始めます。選択は、子どもが自分で考え、行動することです。

　「○○ちゃんは、どうしたいのかな？」と子どもに問いかけることは、子どもが「自分で考え、自分で行動する」ことにつながる援助です。

　「自分で責任をとる」のは子どもには難しいかもしれません。ですから、「失敗しても、人のせいにしない」と伝えるとよいでしょう。

生きる力②
自分の気持ちを相手に伝え、相手の気持ちを理解しようとする力

　人は社会の中で生きています。人とうまくかかわるためには、お互いに気持ちを伝え合い、折り合いをつける術を身につけなければなりません。

「ぼくは今、いやな気持ちなんだよ」と、自分から発信しなければ、気づいてもらえません。「いつもありがとう。あなたが好き」という気持ちも、黙っていては伝わりません。自分の気持ちを伝え、相手の気持ちを知ることが、ともに生活する喜びを感じる基盤になります。

「自分の気持ちを相手に話す」「相手の話を聞く」機会は保育の中に多くあります。保育者が「○○ちゃんの気持ちを聞かせて」と子どもに言葉をかけることは、「自分の気持ちを相手に話す」きっかけになります。保育者がそのチャンスをつくり、幼児期からくり返し経験させたいものです。

生きる力③

自分を好きになり、大切にする力（自己肯定力）

　子どもがこれからの長い人生をよりよく生きるためには、子ども自身が「自分は認められている」「ありのままの自分でいいんだ」と感じ、自分を好きになることが大切です。自分を好きになり、自分を大切にできることが生きる力の根幹になるのです。自分が嫌いな人は、他人を好きになることも難しいでしょう。

　親や保育者から「もっといい子になりなさい」「一番になりなさい」とプレッシャーをかけられ、「わたしってだめなんだ」と劣等感をもっている子どもは多いものです。だからこそ、保育者は「ありのままの〇〇ちゃんが好き」と伝え続けることで、子どもが自分自身を認められるような援助をしたいものです。

　育てたいのは、優越感ではなく有能感。「今の私はまだできないけど、大きくなったらきっとできる」「きっとなりたい私になれる」と自分の能力を信じられる感覚です。

　子どもが自分のよい面にも足りない面にも目を向け、ありのままの自分を好きになり、自分を大切にできるよう、保育者は子どもを見守り、育ちを支えていきましょう。

保育者の役割　序章

保育者の援助

子どもに「生きる力」を育む経験ができるようにする

「生きる力」を育む経験を子どもにさせるために、保育者はどのような保育をすればよいのでしょうか。保育者の援助を具体的に示します。

生活を支える

子どもが健康、安全で、情緒の安定した生活ができるよう支える

　子どもの生命、安全、健康を守ることが保育の大前提です。健康については、子どもが自分で健康的な生活ができるように、歯磨きや食育の指導など基本的な生活習慣を身につけることも大切です。食事や衛生活動を嫌がる子もいます。保育者は叱るのではなく、子どもが楽しんで活動できるよう工夫しましょう。

　安全については、どの活動においても子どもがけがをしないよう、危ないものはないか環境を事前に確認し、活動中も目を配り続けます。災害時の避難の仕方も知らせ、すぐ行動できるようにします。

子ども一人ひとりの発達に必要な経験をさせる

　保育とは、子どもを安全に預かるだけの営みではありません。子どもがよりよく育つように、発達に必要な経験をさせる役割があります。

　保育者は、今この子がどのような発達段階かを見極め、その発達に適した援助をしていきます。

　友だちとのかかわりが少ないなら、かかわりが生まれるような状況をつくり、かかわった喜びが味わえるようにします。その子が育つために次にどのような経験が必要かを見てとり、その経験ができるよう環境を整え、経験ができたことを見届けるのです。

自分で考え、自分で行動するための環境や情報を提供する

　子どもが「自分で考えて行動する」ことができるようになるためには、まず、「選ぶ」ことから始めます。

　遊びたくなるようなコーナーを数か所に用意しておき、好きなところで自由に遊べるようにします。また、色紙の色や形も、数種類の中から選べるようにします。

　行動についても、その都度許可をもらわなくては動けないような保育は考えものです。「遊んでいいですか」「トイレに行っていいですか」などと聞かなければならないようなら、主体性は育たないと考えましょう。

人とかかわる力を支える

自分の気持ちを伝えたり人の話を聞く力を育てる

　人とかかわる力は、自分にも相手にも気持ちがあることに気づくところから始まります。保育者は、子どもが自分の気持ちに気づき、それを言葉で表現できるように支えましょう。「○○ちゃんはこういう気持ちだったんだね」と、子どもの気持ちを言葉にして聞かせることが第一歩です。

　そして、相手も何かを感じていることを知らせ、その気持ちに気づけるよう言葉をかけます。ときには、子どもと相手の間に入って双方の気持ちを代弁したり、自分で言葉にできるように促したりしながら、徐々にお互いが言葉で気持ちを伝え合えるようにしていきます。

有能感を育てる

「きっと自分にはできる力がある」という気持ちを育てる

　赤ちゃんは、言われなくても自分から立ち上がろうとしますし、歩き出そうとします。人間は「自分はやればできるはずだ」と信じる力を無意識のうちにもって生まれてくるのです。

　否定されたり干渉され過ぎると、子どもは「自分はだめな子なんだ」と自信を失くしていきます。子どもが自信をもって人生を歩んでいくために、保育者は子どもがしようとすることを認め、信じて応援することが大切です。

楽しさを感じられる生活をつくる

　子どもは「楽しい」と感じる体験から多くのことを学びます。興味もないのに無理やりさせられたことは身につきません。頭ごなしに教えられたことも、子どもの心に届きません。ですから保育者は、子どもが「楽しい」と感じられる環境や活動を用意する必要があります。

　ただし、「楽しい」は、「楽（らく）」とは違います。子どもに大変な思いはさせたくないと、大人が何もかも準備してしまうことは、子どもが育つ機会を奪ってしまいます。子どもの発達を見据え、子どもが自ら興味をもったことなら、準備も後片づけも、子どもにとっては「楽しい」体験なのです。そのような生活をつくっていきましょう。

子どもとともに活動し、モデルとなり、ライバルとなる

　「教師は五者たれ」という言葉があります。子どもを育てる者は、「豊富な知識を有する学者」「子どもに楽しさを伝える役者」「子どもの発達の行く末を見据える易者」「子どもを励まし、やる気にさせる芸者」「身体・精神面を支える医者」であれ、という意味です。保育者も、子どもの五者である必要があります。

　加えて、保育者は子どもと生活をともにする者として、子

どもと同じ経験をすることで共感し、その経験をより意味のあるものにしていく「共同作業者」の役割が求められます。そのほかにも子どもが憧れをもち、まねをしたいと目標になる「モデル」としての役割、子どものやる気が高まるような「ライバル」としての役割など、さまざまな役割が求められます。

価値観を伝える

生きていくうえで必要な価値観を伝える

　保育者には、子どもにさまざまな価値観を伝える役割があります。
「食事は楽しい」「体を動かすことは楽しい」「友だちと遊ぶことは楽しい」など、子どもにとっては、周囲の大人の価値観が自分の行動を決めるきっかけになります。
　また、社会のルールや約束ごとを理解し、適切なふるまいができるように、「人を傷つけてはいけない」「むやみに生き物の命を奪ってはいけない」など、人として大切なことは、理由を示したうえで毅然とした態度で子どもに伝える必要があります。

保育者の心得

子どもに寄り添い、全力で支える

子どもへの援助には、保育者がどのような気持ちで接しているかが大きく影響します。子どもにとって望ましい援助になるために、保育者が心がけたいことをまとめます。

常に子どもの味方として行動する

　保育者が第一に考えたいのは、「子どもにとっての最善の利益」です。保護者のニーズを満たすことも大切ですが、そのために子どもの利益が損なわれることがあってはなりません。

　また保育者は、いつも子どもの気持ちに寄り添い、「先生はいつもわたしの気持ちをわかってくれる」「困ったときはいつでも頼っていい自分の味方だ」と思われる存在でありたいものです。

　そのためには、子どもをよく見ること。子どもの気持ちを推し量り、なぜそのような行動をするのかという背景まで考えましょう。

子どもには公平に。困っているときには全力でかかわる

　同じ時間、同じ態度で子どもにかかわることが「公平」ではありません。子どもが保育者を必要としている際に、子どもが必要としている方法で全力でかかわる、その方針はどの子にも同じということが、本来の「公平」です。

　いつも、子どもたち全員がよりよく育つようにという願いをもってかかわります。

最も援助を必要とする子どもを瞬時に見抜く

　保育者の体はひとつ。複数の子どもと同時にかかわることはできません。保育者は子どもの必要の度合いに応じて、その優先度を瞬時に判断してかかわる力が求められます。

　優先度が最も高いのは、子どもの安全を守ることです。何よりも優先させなければなりません。

　次に優先すべきは、子どもの発達のなかで、今この経験をすると次のステップにつながると思った瞬間を支えることです。保育者は一人ひとりの子どもに保育のねらいをもっています。たとえば、いつも自分から言葉を発しない子どもが友だちに何か言わなければならない場面はチャンス！　自分から話しかける経験をさせるチャンスですから、優先します。子どもが発達に必要な経験ができそうな機会を、アンテナで察知しつつ動くのです。

活動を振り返り、何が育ったのか、さらに何を育てたいのかを考える

　保育が育児と大きく違う点は、保育にはねらいがあり、そのねらいに近づくための計画に基づいておこなわれるということです。ですから、「やりっぱなし」ではいけません。常に子どもの様子や活動を振り返り、修正を加えながら、ねらいに沿った姿に向かって保育をおこなう必要があります。
　うまくいった援助や効果のなかった援助についても考察し、次の手を考えます。

命令で子どもを動かさない

　保育者と子どもとは、保育者が計画した活動を指示してそのとおりやらせる、つまり命令して従わせるという主従関係ではありません。子どもが自分で考え、自分で行動するように支えていきます。
　「これを食べないと遊びに行けないよ」などと言って子どもを従わせようとすることも厳禁です。これは脅しです。脅しで人は育ちません。

子どもはお客さんではない。サービスはしない

　子どもをお客さんのように捉え、おもしろがらせることのみを目的にしてはいけません。エンターテインメントだけで終わらせてはいけないのです。主客関係ではなく、あくまでも子どもの発達を支えることが重要です。

　保育者が見せる手品やシアターを子どもたちがおもしろがるだけで終わるとしたら、それはサービスです。「先生、今日も何かやって」と言われるようなら、すでに保育ではありません。保育者が見せたことをきっかけに子どもがその遊びに取り組むなど、発達に必要な経験につなぐことが求められます。

子ども同士を比べて優劣をつける環境を作らない

　子どもに育みたいのは有能感。「やればできる」という感覚です。人と比べて優れているという優越感ではありません。植えつけたくないのは劣等感。人と比べて劣っている、「ぼくはだめだ」と感じてしまう経験は避けたいものです。過去の自分と比べて成長を感じる経験を重ねることが望まれます。順位を競う場面は、あまり作らないようにしましょう。

子どもの発達を読み取るコツ

子どもがさらに成長するために、どのような経験をさせたらいいか。それを考えるには、まず今の子どもの状態をしっかり読み取ることです。子どもを理解する5つの視点を紹介します。

point 1
子どもが目を輝かせて取り組んでいることを見る

子どもが何で遊んでいるか、誰と遊んでいるか、どんなふうに遊んでいるかをよく見ます。その子の興味・関心の対象や思い、できることなどが見えてきます。

point 2
子どもが見ているものを見る

子どもの目線の先を見ます。何を見ているのでしょうか。いまは何もしていないように見えても、見ているものから子どもの興味・関心や気持ちが見えてくる場合があります。

point 3
子どもが話していることを聴く

子どもの言葉に耳をすませます。保育者や友だちに話しかける言葉はもちろん、自分から話しかけることが多いのか、友だちの話を聞いているかにも注意を払います。子どもが自分の気持ちを伝えられているかどうか、人の気持ちを理解できているかどうかを探ります。

point 4

子どもができないことを知る

　何がどこまでできているかをよく見ます。ねらいに到達するまでの、どの段階にいるのかを見極めます。どこでつまずいているのかがわかれば、そこを乗り越えるためにはどのようなステップが必要なのかが見えてきます。

point 5

人との関係を見る

　まわりの人がその子どもにどのように接しているか、その子がどのように反応しているかを見ます。また、子どもについて話している人（保護者や友だちなど）の言葉にも注意を払います。「○○ちゃんって、優しいんだよ」「いつも○○をしてくれるんだよ」などという友だちの言葉から、保育者が捉えていなかった姿も見えてくるかもしれません。

日々の記録が子どもの読み取りに役立つ！
〜名簿を利用してマイメモを作ろう〜

　名簿などをコピーしたものをポケットに入れておき、その日の子どもの様子をメモします。子どもが何で遊んでいたか、誰と遊んでいたかなどの事実や印象的なエピソード、それについて保育者がどのように受け止めたかなどを記しておき、子どもの発達を知るための材料にします。

　毎日、全員のメモができるとは限りません。メモが少ないと感じる子がいたら、次の日には意識的に見るようにすると、全員にかかわることができます。

保育の総点検へGO！

ここまで保育者の役割（使命、援助、心得）について述べました。これらは、すべての保育活動において保育者の言動の根幹になるものです。子どもの「生きる力」を育むため、常に心にとめておきましょう。

保育者の援助
- 生活を支える
- 発達に必要な経験
- 主体性を育てる
- 人とかかわる力を支える
- 有能感を育てる
- 楽しい保育
- 共同作業者
- 価値観を伝える

保育者の心得
- 子どもの味方
- 公平に全力で
- 援助を見極める
- 考察する
- 従わせない
- サービスしない
- 比較しない

子どもの発達を読み取るコツ
- 子どもが目を輝かせて取り組んでいることを見る
- 子どもが見ているものを見る
- 子どもが話していることを聴く
- 子どもができないことを知る
- 人との関係を見る

第1章

やってはいけない！
保育のNG
生活・園行事編

保育のNG行為を見ながら、保育の本質はどこにあるか、どのように対応することが子どもの「生きる力」を育み、学びにつながるのかを具体的に考えます。

> 登園

 登園する全員の子どもに、大きな声で「おはよう！」とあいさつする

朝、子どもが次々と登園してきます。笑顔の子もいれば、どこか浮かない表情の子どももいます。保育室の入口で、保育者は子どもの気持ちを盛り上げようと、どの子にも同じように「おはようございます！」と大きな声で元気に声をかけています。

なぜNG？

☆ 子どもの味方 ／ 子どもの **気分に応じていない**

⚖ 公平に全力で ／ 子どもに **「公平にかかわること」にとらわれ過ぎ**

明るく元気なあいさつは常によいことだと思いがちですが、必ずしもそうではありません。子どもの個性や気分、体調によっては、その明るさが強すぎて眩しく、負担に感じられる場合もあります。

また、どの子どもにもいつも同じ態度でかかわることが公平ではありません。子どもそれぞれの必要に応じて、適切にかかわることが、本来の意味の公平につながります。「一律にかかわること」と公平は違うのです。保育者は子どもの気持ちに寄り添い、相手の様子に応じてかかわるようにします。

OK 子どもそれぞれのトーンに合わせて声をかける

　保育者は、登園してきた子どもの様子を見てとり、それぞれの子に合わせて言葉をかけます。「待っていたよ」「大好きだよ」という気持ちが伝わるようにします。

　疲れた様子の子、ふだんからおとなしく物静かな子どもには、ニコッと微笑んだり、チョンとつついたりしてから、耳元で「おはよう」と言ってもよいでしょう。

　元気な子どもにはハイタッチをしたり、抱きついてくる子どもにはそれに応えたり。朝の出会いが心地よいものになるように体を呼応させましょう。

> **言葉かけ**
>
> 不機嫌そうな顔で登園してきた子どもに小さな声で
> 「おはよう。どうしたのかな？何か嫌なことがあったのかな？心配だよ」
> 「○○ちゃんの笑顔が見たいな」
> 「今日はきっと、いいことがあるよ」

プラス

複数の子どもを同時に受け入れる方法

　「○○ちゃん、おはよう」「□□くん、待ってたよ」など、登園時は一人ひとりに心を配りながら受け入れるのが基本。でも、一度に何人もの子どもが登園してきた場合は、子どもを待たせて順番に受け入れるのでなく、数人の子どもを同時に受け入れる必要があります。「△△ちゃん、おはよう。□□くん、おはよう。シールは○○ちゃんの次に貼ろうね」など、登園に気づいたら、すぐ名前を呼びます。「○○ちゃん、□□くん、今朝は何を食べてきたの？」と3人で会話をすすめるなど、待たせずに楽しく受け入れましょう。

| 登園 |

登園を嫌がる子どもを親から引き離す

登園を嫌がって泣き出すAちゃん。お母さんから離れられず、帰ろうとすると後を追います。

保育者は、子どもを母親から引き離し、お母さんに「あきらめがつかないので、早く帰ってください」と言います。

泣き叫ぶAちゃんを抱き、「あとでお迎えに来てくれるからね」「みんなお部屋で遊んでいるよ」と保育室へ連れていきました。

 子どもの**味方**になっていない

「**情緒の安定した生活**」を支えていない

子どもが登園をしぶるのは、園が安心できる場所、保育者が信頼できる存在になっていないからです。

それなのに、保育者がお母さんと引き離したり、無理やり保育室に連れていったりすると、子どもはますます園や保育者に対してマイナスの印象をもち、心を閉ざしてしまうかもしれません。

保育者には、子どもに「先生は、ぼくの味方だ」と感じられるようなふるまいが求められます。

OK 園に居場所が見つけられるよう援助する

　子どもが園を安心できる場所だと思えるように、その子の好きな遊びを用意して迎えましょう。また、保育者を信頼できるように、態度や言葉で「待っていたよ」「先生はあなたが大好き！」と伝えます。

　子どもが園に居場所を見つけ、「先生はぼくの味方だ」と感じられるようになれば、情緒が安定してくるでしょう。

　可能ならば、お母さんにしばらく園に残ってもらい、子どもが遊ぶ様子を見守ってもらうのもいいですね。最初は親の近くで遊んでいても、遊びが楽しくなれば、親が帰っても気にならなくなります。

言葉かけ

「○○ちゃんが来るのを待っていたよ」
「先生は○○ちゃんが大好き！」
「一緒に遊ぼうね」
「困ったことがあったら、何でも言ってね」
「先生は園でのお母さんだよ」

プラス　生き物が、居場所を見つけられるきっかけに

　園でカメやウサギなど生き物を飼っているなら、生き物の力を借りましょう。もの言わぬ生き物は、子どもの心に安らぎを与えてくれます。
　「カメさんにエサをあげに行こうか」「ウサギさんを見に行こう」などと誘うことで、子どもが園に居場所を見つけるきっかけになる場合もあります。
　小鳥や金魚、昆虫なども、子どもの友だちになってくれるでしょう。

集まり

NG 朝の集まりの前に、「みんな集まってー」と大声で呼ぶ

園庭や保育室で子どもが自由に遊んでいます。朝の集まりの時刻になりました。クラス全員の子どもの耳に届くように、「みんなー！　集まってー!!」と保育者が大きな声で呼びかけます。みんなは一瞬、手を止めますが、また遊び始めました。

なぜNG?

- 主体性を育てる ── 子どもの**主体性を育てること**につながらない
- 発達に必要な経験 ── 子どもの**発達に適した言葉**をかけていない

まず、「みんな」とは誰のことでしょうか。3歳児までは「みんな」と言われても、「○○組さん」と言われても、自分も含めて声をかけられていることだとわかりません。特に入園当初は、単に「みんなー！」と呼びかけても、子どもはキョトンとするだけでしょう。

また、保育者が一斉に子どもに呼びかけることは、子どもを保育者の指示で動かそうとする保育につながります。保育者の声はサイレンと同じ働きをしています。子どもの主体性が育ちにくくなるので、注意が必要です。

子どもの年齢や経験に応じ、適切な言葉をかける

　子どもの発達を理解し、発達に合った言葉をかける必要があります。

　子どもを集める際、3歳児では一人ずつ「○○ちゃん」「□□くん」と名前を呼びます。

　4歳児になると「自分は○○組の一員だ」という所属意識が出てきます。ですから、大声で叫ばずに、コーナーごとに「そろそろ朝の集まりだから、片づけようね」と知らせればいいでしょう。

　5歳児の場合、それまでの積み重ねから、わざわざ声をかけなくても「長い針が○になったから、そろそろ朝の集まりの時間だ」と理解して、子どものほうから集まってくるように育てたいものです。そのためには、日ごろから子どもが時計を見る習慣をつけるようにしましょう。「朝の集まりは長い針が○になったら始まるよ」と、活動と時計を見ることが連動させます。そして自分から片づけて集まれるようになったら、「さすが○○くん」と認め、「○○で遊んでいる人たちにも知らせてあげてね」と、友だちに働きかけられるように促します。子ども同士で声をかけ合って、高め合える集団をめざしましょう。

言葉かけ

3歳児には一人ひとりに
「○○ちゃん、いすに座ろうね」
「これから楽しいことが始まるよ」

4歳児には、複数の子どもに
「そろそろ集まる時間だよ」
「片づけようね」

5歳児には気づきを促す
「集まりの時間は長い針がどの数字だっけ？」
「言われなくてもみんな集まれるね！」

集まり

NG 朝の集まりを嫌がる子どもに「決まりだよ」と参加させる

朝の集まりに参加したがらない子どもたち。自分の遊びを続けていたり、誘うと逃げ出してしまう子どももいます。

そんな子どもに対し、「決まりだよ。早く片づけて集まりなさい」と、保育者が強い調子で急かします。

（吹き出し：朝の集まりに参加する決まりだよ）

なぜNG?

 考察する 子どもにとって**必要な経験であるか吟味されていない**

 従わせない 子どもを**従わせようとしている**

そもそも朝の集まりという活動は、何のためにあるのでしょうか。今日の活動を伝える場、クラス活動を始めるための合図など、目的はさまざまです。でもそれらは、子どもにとって本当に必要な経験でしょうか。

保育者は常に、その活動が子どもにとってどのような意味があるのかを考えなければなりません。少なくとも、子どもが楽しいと思えないような経験は、子どもにとって必要ないでしょう。

「決まりだよ」と無理やり参加させなければ成り立たない活動は、子どもの発達に必要な経験となっていないのです。

子どもが参加したいと思えるような集まりにする

　朝の集まりが多くの子どもにとって楽しくない活動ならば、集まり自体を見直すべきでしょう。出席をとり、日付や天気、欠席者を確認するだけの会なら不要です。

　特定の子どもだけが楽しくない活動ならば、その子が楽しいと感じられるように、何か役割を与えるとよいでしょう。集まりの前にその子に耳打ちをしておき、集まりの時間になったら「○○ちゃん、さっきのお話、みんなに教えてあげて」などと伝えます。子どもは、自分に重要な役割があることがうれしくて、集まりに参加したくなるかもしれません。

> **言葉かけ**
>
> 子どもがわくわく期待して集まれるような内容をプラスして伝える
>
> 「今日は朝の集まりで、○○のことをお知らせするよ。楽しみだね」
> 「すてきな発見だね。あとでみんなに教えてあげてね」
> 「今日、みんなにお話をしたい人はいるかな？」

プラス

朝の集まりに「お楽しみメニュー」を入れる

　参加するのが楽しみになるメニューを、朝の集まりに取り入れてみましょう。

発見コーナー：子どもが最近発見したことを話します。
びっくりニュース：おもしろいこと、驚いたことを話します。保育者が司会役になり、インタビュー形式で聞くのも楽しいですね。
ものまね返事：出席をとるとき、子どもが動物になったつもりで返事をします。子どもはワクワクしながら、どんな鳴き声で返事しようか考えるでしょう。

集まり

NG 活動に参加しない子どもに「もう来なくていいよ」と言う

クラス活動の時間、保育者が呼びかけても来ないAちゃん。階段に座り込み動こうとしません。保育者はAちゃんを参加させようと「みんな集まっているよ」「一緒にやろうよ」とおだやかに促したり、「集まらないのはAちゃんだけだよ！」と少しきつく諭したりしますが、動きません。しまいには「もう来なくていいよ！」と言い残し、行ってしまいました。

なぜNG？

 従わせない
子どもを従わせようとしている

 子どもの味方
保育者から子どもとの関係を断ち切っている

保育者の表情や声の調子にもよりますが、「来なくていいよ」という言葉は、保育者から「見捨てられた」と子どもに感じさせる可能性があります。

子どもの味方であるべき保育者が、子どもとの関係を自分から断ち切ってはなりません。

子どもにとって見捨てられることほどさびしいことはありません。「来なくていいよ」と子どもを無視して活動を進める行為には、自分に従わない子どもに怒りをぶつけている気持ちが透けて見えます。

なぜ参加しないのか、子どもの気持ちを受け止めて対応する

まずは、子どもにとって楽しい活動になっているか、子どもの発達に必要な経験をさせる目的に沿っているかを検討する必要があります。

そのうえで、一人だけ違う行動をする子どもの気持ちを考えてみましょう。もしかしたら、保育者の気をひきたい、かまってほしい気持ちの表れかもしれません。あるいは、集団に入ることが好きではなく、一人で遊んでいたいのかもしれません。

いずれにしても、無理やり参加させるのではなく、「先生待っているね。やりたくなったら来てね」と声をかけて子どもとの関係を保ちながら、子どもの気持ちに寄り添った対応をしていきましょう。

言葉かけ

「○○ちゃんがやりたくないのは、どうしてかな？　教えて」
「今日はみんなと一緒にやりたくないんだね。わかったよ」
「やりたくなったら来てね。待っているよ」
「先生は、○○ちゃんと一緒にやりたいなあ」

プラス

活動の内容を、魅力的に伝える

子どもがクラス活動に興味をもてるよう、製作であればこれから作るものを、体を動かすなら使う道具を見せ、子どもの興味を引きます。具体的な物を提示すると、子どもはこれから始まる活動にわくわくするかもしれません。

集まり

ふざけて場を乱す子どもに、くり返し注意をする

みんなで活動をしている最中に、いつもふざけたり騒いだりするＡくん。ほかの子の邪魔になるので、保育者はくり返し「Ａくん、静かにして」「みんなが困っているよ」と注意をします。
「いつもＡくんが……」「まただわ」という苛立ちから、次第に声は大きくなります。

なぜNG？

⭐ 子どもの**味方になっていない**

⭐ 子どもが**ふざけた行動をとる背景を考えていない**

「〜してはいけない」という禁止は子どもにとって大きなストレスです。子どもは常にエネルギーを発散している存在です。それを止められるのは相当な負荷がかかります。

一度注意しても直らないようなら、そのやり方は意味がないということです。

また、保育者からいつも注意をされる子どもは、ほかの子からも「○○ちゃんはいつも先生に叱られている」と認識されています。子どもは保育者の言動に敏感ですから、「保育者が『○○ちゃんは悪い子だ』と思っている」と、レッテルを貼ってしまう危険があります。

OK 子どもを活動に巻き込み、保育者が認めている様子を見せる

ふざけたり騒いだりする子どもは、保育者に自分を認めてもらいたい気持ちが強い可能性があります。また、その活動が子どもにとって心地のよいものではないため、ふざけた行動をとってしまうとも考えられます。

そこで、例えば、絵を描くという活動なら、「〇〇くん、みんなに紙を配るのを手伝ってくれる？」などと手伝いを頼み、活動に巻き込むようにします。すると、子どもは「先生に認められた」とうれしく感じ、ほかの子どもも、「先生の手伝いをする子」として受け止めていきます。しだいに、みんなでする活動がその子にとって心地よいものになっていくかもしれません。

> 言葉かけ
>
> 「〇〇くんが好きな遊びを教えて」
> 「〇〇くん、これを手伝ってくれる？」
> 「〇〇くん、手伝ってくれてありがとう。助かったよ」
> 「〇〇くん、そのやり方を△△ちゃんに教えてあげて。〇〇くんは上手だからね」

プラス　その子の良さを披露する場を作る

いつも注意をされる子はまわりの友だちからもそのような目で見られ、居心地が悪い思いをしていることが多いものです。

そこで、その子の得意なことをみんなの前で披露する機会を作ります。ささいなことでいいのです。例えば、「座り方がかっこいいね」「〇〇くんは友だちの話をよく聞いているね」「〇〇くん、〜するのが上手だね」と、その子を認める言葉をかけます。

散歩

子どもの安全第一。
目的地の公園まで、寄り道しない

近くの公園まで散歩に行きます。安全第一で、子どもたちに車や自転車に注意をはらうよう言い聞かせます。前の子どもとの距離も離れすぎないよう気をつけながら、歩かせます。

無駄なおしゃべりや寄り道は、一切しません。

なぜNG?

 子どもに必要な経験をさせる機会を見過ごしている

 散歩が楽しい活動になっていない

散歩の目的地が公園だとしても、公園で遊ぶことだけが散歩の目的ではありません。道中でも子どもはさまざまな経験ができるはずです。目的地に着くことだけに目を向けて、道中を疎かにすると、子どもが成長する機会を見過ごしてしまいます。

目の前にあるものを見ず、味わいもせず感動もできないことは、子どもにとって損失です。寄り道をすることで得られるものや、友だちとの会話で育まれることも多いはずです。

OK 道中で出会うもの、できる経験を大切にする

保育はすべて計画どおりには進みません。子どもの成長につながる経験を積むチャンスはいつ訪れるかわからないからです。ですから、臨機応変に対応することが大切です。道中で出会うもの、できる経験が、その子どもにとって成長のチャンスになるのです。

道を通る人や車、家、商店、街路樹の変化。目を向け、音を聴き、においを感じています。「あ、見つけた！」「どこ？」このような会話が、感性や言葉、人間関係を育てるのです。

いつでも、どんな状況でも「子どもにとって必要な経験」に敏感な保育者でいたいものです。

言葉かけ

「きれいな花が咲いているね」
「赤いバスが通ったね。乗ったことある？」
「かわいい猫がいるよ。何してるのかな？」
「〇〇ちゃんのおうちにも猫がいたよね？」

プラス　あらかじめ調べておいて、道順を考える

犬のいる家の前を通る、庭先の木や花を見る、商店の前を通り雰囲気を知るなど、園のまわりの道をあらかじめ調べ、把握しましょう。

庭先の木や花を子どもに見せたいと思ったら、その家の方に事前にお願いしておいてもいいでしょう。庭に入ることはなくても、大勢の子どもに庭先で騒がれるのを嫌がるお宅もあります。快く協力してくださるお宅では、ときには中に入れてくれることも。園と地域を結ぶきっかけとして、日ごろからご近所との関係を大切にしましょう。

散歩

ふざけて車道へ飛び出した子どもに、後でじっくり言い聞かせる

散歩の途中、ふざけながら歩いている子がいます。「危ないよ」「まっすぐ歩こうね」と注意をしますが、聞く耳をもちません。よろけて車道に飛び出した瞬間、車が子どもの肩をかすめて通り過ぎました。幸いけがをせずに済みました。道行く人々の前で叱るのもどうかと思い、園に帰ってからじっくり言い聞かせました。

なぜNG？

- 子どもの**命を守れない**
- その場で**言わなければ伝わりにくい**

保育者は何より子どもの命を守らなければなりません。このケースでは無事でしたが、大けがを負ったり命を落としたりする可能性もありました。

このように危険な行為に対しては、言い聞かせるだけではたりません。子どもは楽しいことやほかに気をとられていると、保育者の注意が耳に入らないものです。子どもに言ったから分かっているだろうと思ったら大間違いです。

また、子どもは後から言い聞かされても何のことかピンと来ません。大事なことほど、その場ですぐに伝える必要があります。

OK その場で、体ごと止める。血相を変えて叫ぶ

　命の危険が生じる行為に対しては、抱き止めるなどして体ごと止めます。大声を出してもよいでしょう。大切なのは、その場で血相を変え、大きな声で、危険を知らせることです。

　そして、子どもの目を見て、真剣な表情で「車が通らないところを歩かなければならない」と話します。いつもと違う雰囲気から、ことの重大さが伝わるはずです。「いつもは優しい先生がこんなに険しい表情で伝えている。それほどいけないことなのだ」と感じられるでしょう。

　また、このような子どもは保育者が手をつなぎ、道路の外側を歩かせる援助が必要です。

言葉かけ

「危ない！」
「いま、車にひかれて死んじゃうところだった！」
「○○ちゃんが死んじゃったら、先生はとっても悲しい」
「車の通る道に出てはだめだよ」
「自分の命は自分で守らなければならないんだよ」

プラス 「自分の命を守る」ことの大切さを伝える

　命の大切さを伝える方法として、絵本を読み聞かせましょう。『ずーっと ずっと だいすきだよ』（評論社）、『いのちのまつりー「ヌチヌグスージ」』（サンマーク出版）などがおすすめです。

　また、避難訓練などでも、命を守ることの大切さをくり返し知らせます。

散歩

公園で子どもが遊ぶ様子をただ見ている

散歩の目的地である公園に着いて、保育者はホッとひと息。

子どもたちはすべり台やブランコなどで自由に遊びを楽しんでいます。保育者は少し離れた位置から、子どもを見守っています。

なぜNG？

発達に必要な経験

子どもの**発達に必要な経験をさせる機会がとらえられない**

共同作業者

子どもの**共同作業者としての役割が果たせない**

自由な遊びの時間といっても、子どもをただ好きなように遊ばせていればよいわけではありません。子どもの発達に必要な経験をさせる機会ととらえ、適切な援助をする必要があります。

また、保育者の重要な仕事として、子どもの行動のモデルになる、共同作業者になる、ライバルになる、などがあります。いつも干渉する必要はありませんが、機会をとらえてその役割を果たす義務もあるのです。

ただ危険がないように「見ている」だけでは、子どもの育ちを支えることになりません。

子どもと一緒に遊び、育ちを支える

　子どもの心の動きや行動は、子どもと同じように動いたり、同じ目線に立ってものを見ることで理解できるものです。

　一緒に遊びながら、子どもがいま何に興味を示しているのか、何をしたいと思っているのか、どんな気持ちでいるのかを探り、その場その場で適切な援助をしましょう。子どもと子どもをつなぐ援助、言葉を引き出す援助もできるはずです。

　また、子どもの気持ちに気づくことができれば、「○○してみようか」などと提案することもできます。それは、子どもが新たな経験をすることにつながります。

言葉かけ

「○○ちゃん、おもしろいことを考えたね」

「シューってすべると気持ちいいね」

「ここに来たら、じゃんけんしよう」

「葉っぱやさん、葉っぱを1枚ください」

プラス

公園での遊びのヒント

　公園にある遊具で遊ぶ、草木に触れる、思いっきり走るなど、公園での遊び方はいろいろ。長縄やボールなど道具を持っていくと、遊びはさらに広がります。

　例えば、長縄を使って、2歳児なら電車ごっこ、3・4歳児なら縄を基地に見立てて探検ごっこや鬼ごっこ。5歳児なら大縄跳び。ひとつの道具でさまざまな遊びのバリエーションを楽しめます。

生活

「手を洗う時間ですよ」と声をかけ、並ばせる

手を洗う際はクラス全員に呼びかけ、いっせいに水道の前に4列に並ばせます。

待っている間に、ときどき「私が先だったのにずるい」などと小ぜりあいが起こります。

洗い終わったらいすに座って待つように保育者が声をかけます。早く洗った子はずっといすに座っているので、待ちくたびれています。

いっせいに行動させると待ち時間が長くなる

手を洗う理由が子どもに伝わりにくい

子どもたちを一律に行動させるため、なかには、特に手が汚れたとも思っていないのに手を洗わせられると思う子もいるかもしれません。子どもにとって、させられている活動になっており、手を洗う意味が感じられなくなります。

また、子どもを長く待たせることも避けたいもの。集団生活では、子どもが待つ場面がどうしても生まれてしまいます。「待つ」ことは、子どもの活動を停滞させがち。なるべく子どもたちを待たせない工夫をしましょう。

OK

片づけが終わった子から洗うなど、活動の流れをつくる

手を洗うという衛生活動は、自立して生活するために大切なスキルです。トイレや片づけの後、昼食の前など、手を洗う場面を用意し、幼児期から習慣にしていく必要があります。その際に、一斉に手を洗いに行かせず、片づけ終わった子から順番に洗いに行くなど、子どもが水道の前で長時間、待たなくていいようにしましょう。

同時に、なぜ手を洗うのかを子どもにわかる言葉でしっかり伝えます。手には見える汚れだけでなく、見えない汚れもついているということがわかれば、汚れていなくてもトイレの後や昼食の前に自ら進んでていねいに手を洗おうという気持ちも育つでしょう。

言葉かけ

「片づけが終わった人から順番に手を洗ってね」

散歩から帰ってきたら
「靴を脱いで、帽子を片づけた人から洗ってね」

「お昼ごはんの前には、手をきれいにしようね」

「おなかにばい菌が入ったら困るものね」

「いま、ばい菌が流れていったね」

プラス

子どもが「手を洗いたい！」という気持ちにさせる言葉かけ

- ていねいに手を洗わず、ささっとすませている子どもに「○○ちゃん、手を見せて。わぁ！　まだここにばい菌が100匹いるみたい」とびっくりした表情で伝える。
- 「わぁ、手からせっけんのいい香りがするよ。きれいに洗ったんだね」とまわりの子に聞こえるように話す。
- 「隣の友だちの手は、せっけんの香りがするかな？」と互いに確認する雰囲気をつくる。

生活

NG 「トイレに行っていいですか？」と、子どもが言う

子どもの行動はしっかり把握します。「先生、トイレに行っていいですか？」「遊んでいいですか？」と、子どもは保育者にたずねてから行動しています。

なぜNG？

❗ 主体性を育てる 子どもが**自分で行動を決められない**

❗ 主体性を育てる 子どもの**主体性が育たない**

　子どもがトイレへ行くために、保育者の許可は必要ありません。「だめです」と言ったら虐待にあたります。トイレに行きたくなったら、自分から行けるようにします。
　子どもが自分で行動するのに、いちいち保育者にたずねるような保育はしたくないものです。子どもが主体性を育む機会を奪い、保育者や大人の顔色を見たり、言われなくては行動できない子どもになる可能性があるからです。自分で自分の行動を決められる環境が、子どもにとって大切なのです。

OK 「トイレに行ってきます」と言うよう子どもに伝える

　子どもが自分で自分の行動を決め、それを伝えることができるよう支えることが保育者の役割です。

　「○○していいですか？」と保育者に許可を求める言い方ではなく、「○○します」と自分で決めた行動を伝えられるようにしましょう。

　自由遊び中は何も言わずにトイレに行きますが、みんなで活動をしている際には保育者の近くに来て、「トイレに行ってきます」と告げるよう伝えます。黙って出ていくと保育者が心配することも話します。

　子どもが許可を求める言い方をしてしまう雰囲気になっていないか、園やクラスの様子を見直しましょう。

言葉かけ

「トイレに行きたいときは、『トイレに行ってきます』って言ってね」

子どもが言いに来たら、にっこりうなずいて

「いってらっしゃい」

プラス　活動の節目にトイレタイムを設ける

　外遊びの前や片づけの後、昼食前など、活動の節目に「トイレに行きたい人は、今のうちにどうぞ」と声をかけましょう。活動の途中で子どもがトイレに行かなくてすむようにします。行こうかどうしようか迷っている子どもがいたら、「行ったほうがいいよ」と促します。

生活

うそをついた子どもに「うそつきは泥棒の始まりだよ！」

食事の前には手を洗うことになっています。それぞれ自分で手を洗いに行くなかで、こっそりと洗わずにすまそうとする子どもがいます。

ちゃっかり座っているので、「手を洗った？」と尋ねると、「洗ったよ」とすまして言いました。明らかにうそをついていたので、「うそつきは泥棒の始まりだよ！」と叱りました。

なぜNG？

子どもの**味方になっていない**

子どもを**従わせている**

うそをついたことを、子ども自身もよくわかっています。子どもは自分を守るためにうそをつくことがあります。これも成長の証。子どもの表情を見て、「わかっているな」と思ったら、それ以上責める必要はありません。

また、自分の行動を決めるのは子ども自身です。責められると子どもは気持ちが萎縮したり、逆に腹を立てて乱暴な態度をとったりすることも。保育者との関係にもひびが入るかもしれません。子どもが自分自身でことの良し悪しを考えられるよう、上手な伝え方を工夫しましょう。

子どもが手を洗いたくなるよう誘導する

　子どもが「洗った」と言ったら、「よく調べるからここに来てください」と呼びます。この時点で、「しまった！」と思った子どもは手を洗いに行くかもしれません。

　洗いに行かない場合は、子どもの手を取り、虫めがねでのぞき、「わっ！ ここにまだばい菌が残ってるよ」と言います。

　うそをついたことを責めず、洗いに行きたくなるよう子どもを誘導します。

　うそをついたことについては、「先生は○○くんが本当のことを言ってくれたらうれしいよ」と、正直に話すことの大切さを伝えましょう。うそに過剰な反応をせず、正直に話した際はその勇気を認めたいものです。

言葉かけ

「このまま食べたら、ばい菌がおなかに入って痛くなるかもしれないよ」
「○○くんが病気になったら悲しいな」
「本当のことが言えたね」
にっこり笑って伝える

「うそ」について伝える

　一時的にその場を逃れるためのうそ。うまくいったと思うと、うそを重ねるようになる場合もあります。うそをつくと、あとで自分がつらく苦しくなることを伝えましょう。うそをつかれると、相手はいやな気持ちになることも。いつもうそをつく人は、人から信用されなくなりますね。正直に生きることの大切さを知らせたいものです。

生活

「先生、来て！」と言われたら、呼ばれた順番に行く

保育者が子どもの遊びを見守っていると、あちこちから「先生、来て！」と声が上がります。呼ばれたらすぐ、その子のところに駆けつけます。同時に呼ばれた場合は、「順番ね」と呼ばれた順番に対応します。対応する時間にできるだけ差が出ないようにも意識します。

なぜNG？

 緊急の場合に対応できない

 子どもに満たされない思いを残してしまう

子どもに求められたら、ぜひ応えたいもの。でも、大勢の子どもを相手にする場合、一度に子どもの要求を満たすことはできません。
「公平」を意識するあまり、順番に同じ時間だけ応えるようにすると、どの子にもしっかりと対応できず、結果的に子どもは満たされない気持ちを抱えてしまうことがあります。
どのくらい保育者を必要としているかを見抜き、優先順位をつける必要があるでしょう。

いちばん必要としている子どもにしっかりとかかわる

保育者は公平であるべきですが、それは順番に同じ時間だけ応えることではありません。今は○○ちゃん、次は△△くんと、そのときいちばん必要としている子どもから存分にかかわるようにします。「どの子でも保育者を必要としたときに全力でかかわること」が公平なのです。

本当に必要なときに保育者は来てくれるという信頼関係があれば、子どもに「先生、来て！」と言われたとき「ごめんね、いまは○○ちゃんが大変だから、あとで行くね」と言えば、「わかった、いいよ」と言ってくれるようになるはずです。

▷ 言葉かけ

「○○ちゃん、困っているんだね、わかったよ」
「必ず助けるからね」
「少し待っててね。○○ちゃんが泣いているから」
「それは△△先生に聞いてみてね」

プラス

「受け止められた」という安心感を

子どもには大人に見てもらいたい、認められたいという欲求があります。一人の子どもにかかわっているからと、ほかはすべてシャットアウトしなくても、受け止められる場合もあります。一言で返せることは対応してもよいでしょう。

目の前のかかわっている子を、まわりの子にも注目させたい場合は、声をかけて様子をよく見せ、意見を求めることも。発達に必要な経験ができるチャンスかもしれません。

生活

子どもの甘えには取り合わない

これまで自分で靴をはけていたのに、ある日、「先生、はけない」「はかせて」と言い始めました。わがままにならないよう、「自分ではけるよね」と促します。子どもはキュッと口をむすんで、うつむきました。

なぜNG？

⭐ 子どもの味方 子どもの満たされぬ気持ちに寄り添っていない

📶 援助を見極める その子が援助を求めていることに気付いていない

　状況にもよりますが、子どもが今までできたことを「できない」と言う場合、何か満たされない気持ちを抱えていることが多いものです。それを甘えという形で表現しているのでしょう。
　子どもの甘えをわがままだとすぐに思い込まないようにします。また、甘えを受け入れると、わがままがエスカレートするのではないかと思いがちですが、それは違います。
　甘えたい気持ちを受け止めてもらえないと、子どもは不満をもち、さらにさびしさをつのらせ、心はすさんでいく心配があります。

OK 甘えの気持ちを受け止めて、安定させる

「自分ではけるよね」と突き放すのではなく、まずは「○○ちゃんなら、自分ではけると思うよ」などと、子どもの力を認める言葉で促します。それでも、子どもが「できない」「やって」と言うようなら、「そうか。今日ははかせてもらいたい気分なんだね」と受け止め、はかせてあげましょう。

子どもはしっかり満たされると、安定します。そして、次への意欲が湧きます。これまでできていたのなら、また自分ではくようになるでしょう。

> 言葉かけ
>
> 「今日ははかせてもらいたい気分なんだね。わかったよ」
> 「いいよ。先生が手伝うね」
> 「○○ちゃんなら、またはけるようになるね」

プラス 靴と向き合える状況づくり

特に理由もないのに、靴をはかずにボーっとみんなの遊びを見ている場合があります。靴をはかなければならないことはわかっているけど、遊びへの気持ちでいっぱいになり、靴に意識が向かないのです。子どもにとって一度にふたつのことを考えたり、動作したりするのは難しいのです。

靴をはくことに集中させたい場合は、まず子どもの体を園庭側ではないほうに向け、ほかの子の動きが見えないようにします。靴とだけ向き合える状況を作ることで、気持ちを集中させて靴をはこうとするでしょう。

生活

動物を怖がる子どもに、当番活動をさせない

　園でニワトリを飼っています。エサやりや小屋の掃除は5歳児が当番でおこないます。でも、ニワトリが怖くてやりたがらない子どもに無理強いはできないので、「しなくていいよ」と伝えています。

なぜNG？

 発達に必要な経験　**カリキュラムに位置づけた経験をさせていない**

 サービスしない　**子どもの言いなりになっている**

　当番活動は、その年齢で必要な経験をさせるためにカリキュラムに組み込んだ活動です。自主的におこなう係活動とは異なり、どの子にも経験させる必要があります。子どもが嫌がるからとやらせないでいると、発達に必要な経験を積むことができません。

　子どもの気持ちを尊重することは大切ですが、全く触れさせないのは考えものです。ニワトリが怖いまま卒園させるのではなく、こんな動物がいるんだな、よく見るとおもしろい動きをするな、と世界を広げてほしいものです。そのための援助をするのが保育者の仕事です。

OK 親しみがもてるように、少しずつできることから参加させる

　当番活動は全員に経験させたい活動であり、「身近な動物に興味・関心をもつ」「命の存在に気づく」などさまざまなねらいがあります。

　まずは安全なところで、ニワトリの動きを見ることから始めましょう。そして、その子どもにできる活動を用意します。

　例えば、ニワトリを小屋から出した後の掃除や、ニワトリのエサを入れる仕事ならできるかもしれません。ニワトリを遠目に見ながら、「襲われることはない」と保育者と一緒に安心して活動し、徐々に慣れていくようにします。友だちがニワトリを抱っこしているときにそっと触れてみるなどができるようになればいいですね。

言葉かけ

「ニワトリさんを離れて見てみようか」

「あ、○○ちゃんのことを見てるね」

「動きがおもしろいな」

「ニワトリさんが外にいる間に掃除しようね」

「○○ちゃんが抱っこしているよ。ちょっとだけ触ってみる？」

「きれいになって、ニワトリさんが喜んでいるね」

プラス　生き物には名前をつけ、親しみを感じさせる

　ニワトリやウサギ、モルモット、カメなど、園で飼っている動物は、子どもに命の存在を教えてくれる大切な仲間です。園でともに暮らす仲間として親しみがもてるように、名前をつけてかわいがりましょう。

生活

「誰がいちばんかな？」と活動を促す

　降園時刻が迫っていますが、子どもたちはおしゃべりに夢中で誰も帰りの支度をしようとしません。そこで保育者が「さあ、帰りの支度をしましょう」「誰がいちばんにできるかな？」と促します。「いちばん」という言葉が好きな子どもが、慌てて支度を始めます。なかにはタオルをたたまずにカバンにグシャッと入れる子、上着を取りに廊下に駆け出す子もいます。

なぜNG？

比較しない　順位を競わせている

従わせない　子どもを命令で動かそうとしている

　「いちばん」になると誰でも誇らしい気持ちになり、うれしいものです。でも、いつも競わせていると、ときに人を押しのけたり、ズルをしてもいちばんになろうとする子が現れます。保育者が「いちばん」という手を使って促すことで、そうした子どもの「いちばん」へのこだわりを助長することになるのです。

　このようなやり方はひとつ間違うと、「早ければ、ほかはどうでもいい」ということになります。その結果、子どもの思いやりの気持ちが育たず、クラスが殺伐とした雰囲気になってしまう危険があります。

OK 楽しい予告をして、行動を促す

帰りの支度には手順があります。おたより帳を探してカバンに入れる、タオルをたたんでカバンに入れる、帽子をかぶる、上着を着るなど。その一つひとつをていねいに、ものを大切にしながらおこなってほしいものです。

子どもがスムーズに帰り支度をするよう、「みんなの支度が終わったら、おもしろい絵本を見ようね」と次の楽しい活動を予告するのもよいでしょう。早く終わった子は友だちにおたより帳を届けるなど、みんなで支度をする雰囲気を作ります。

言葉かけ

「みんなの支度が終わったら、わくわくする紙芝居を見ようね」
「○○ちゃん、タオルを上手にためたね」
「友だちにおたより帳を届けてあげたんだね。優しいなぁ」

プラス

「今日も楽しかったね」の気持ちで

思いっきり遊んだ子は十分に満足しているので、気持ちの切り替えができ、次の活動にてきぱき進めます。

一方、やりたいことができなかった子、心の中に不満を抱えている子はぐずぐずと小さな抵抗をしがちです。

「今日は○○して楽しかったね」「○○ちゃんはこの遊びがやりたかったのにできなかったんだね。明日できるように準備しておくね」など、それぞれの充実度に応じた言葉をかけながら、明日からの保育を考えます。

生活

ルールを守らない子どもを、「だめだよ！」と叱る

園には、「廊下を走らない」というルールがあります。何度言っても、走ってしまう子がいます。今日も走ったので、ついに「だめだよ！」ときつく叱りました。子どもはびっくりした表情で立ちすくんでいます。

なぜNG?

発達に必要な経験
子どもの発達に応じた伝え方をしていない

従わせない
感情的になることで子どもをおびえさせている

子どもはエネルギーを放出させながら活動をしている存在です。「○○をしてはいけない」と言われたら、エネルギーの放出を止めなければなりません。それは子どもにとって非常に苦しいことです。

また、きつく叱ると、子どもは保育者に叱られた悲しさや怖さで気持ちがいっぱいになってしまいます。

しかも「だめだよ！」という言葉では、何がどう悪かったのか気づくまでに至りません。後に残るのは、悲しかった、怖かったという思いだけです。

OK 理由を伝え、肯定文で話す

「ルールだから守らなければならない」のではなく、「危険だから、歩いたほうがいい」と伝えましょう。

子どもが正しい方向にエネルギーの放出を向けられるように、「走ってはいけない」ではなく「歩こう」、「嘘をついてはいけない」ではなく「本当のことを言おう」と、約束ごとは肯定文で伝えましょう。

そのうえで、そうしないとどんな困ることが起こるのかに気づけるよう、ていねいに話します。

叱るより、「先生は悲しいな」と伝えるほうが子どもには響くでしょう。叱られるのが怖いから言われたようにするのではなく、自分からよい行動を選び取れることが大切です。

言葉かけ

「走って友だちとぶつかると大けがするよ。だから、歩こうね」
「あわてないで、ゆっくりね」
「○○ちゃんがけがすると、先生悲しいな」
「『ゆっくり歩こう』って3回言ってごらん」
「社長さんみたいな歩き方、かっこいいね」

プラス 子どもが走らない廊下のアイデア

一直線にのびた廊下は視線が遠くへ導かれるので、子どもは走りたくなるものです。
そこで、ところどころに台を置き、花や作品を飾りましょう。障害物があると、目はそれをとらえます。ぶつからないように行こうという意識も生まれ、子どもは走らなくなるでしょう。

食事

食事がすすまない子どもに「がんばって食べようね」と声をかける

少食な子どもがいます。なかなか箸がすすみません。少しでもたくさん食べてほしくて、「がんばって食べようね！」「これを食べないと遊びに行けないよ」と励まします。子どもはため息をつき、皿を見つめています。

なぜNG？

 食べることを**子どもに強いている**

 子どもを**脅している**

 食は**「がんばる」ことではない**

食事は生きるために必要なもので、本来、楽しいことです。「がんばる」ものではありません。がんばって食べることを子どもに強いると、本来楽しいはずの食事が苦痛になってしまいます。

プレッシャーを感じながらの食事は、味が感じられず、食事がさらに苦痛になります。
「食べないと○○できない」などと脅すのは、もってのほかです。

やってはいけない！保育のNG　生活・園行事編　第1章

OK

食べるのは楽しいこと！という気持ちを引き出す

楽しくおしゃべりしながら、笑顔で食べられる雰囲気をつくりましょう。食事をするときの音を楽しむのもいいですね。「カリカリ」「ポリポリ」「バリバリ」「つるつる」など。「ごはんを食べるとどんな音がするかな？」と、子どもが食べることを楽しいと思えるきっかけをつくります。

そして、食べられたことについては、「えらかったね」「すごいね」とほめるのではなく、「ここまで食べられたね」と事実を笑顔で認めます。

「どれくらいなら食べられる？」と本人に尋ね、半分くらい取り除いてもOK。その子の「食べられた！」を大切にしたいものです。

言葉かけ

「この野菜は○○ちゃんの服と同じ緑色だね」
「どんな味がするかな？」
「カリカリって、おもしろい音がするよ」
「○○ちゃんの音も聞かせて」
「ひと口食べられたね」

SCENE: 登園／集まり／散歩／生活／**食事**／降園／記録・引き継ぎ／園行事／自由遊び／設定遊び／表現遊び／人間関係／保護者対応／マナー

プラス

子どもの食事が、どこで停滞するかを見極める

食がすすまない子どもは何が苦手なのかを理解すると、かける言葉や援助が具体的になります。かむのが苦手な子には「もぐもぐ」、うまく飲み込めない子には「ごっくんしようね」、次の食べ物を口に入れないで遊んでいる子には「次はどれを食べる？」と言葉をかけ、次の段階へ進めるよう促しましょう。

食事

好き嫌いは、克服させる

野菜が苦手な子どもがいます。幼児のうちにぜひ克服してほしいので、「食べないと小学校に行ってから困るよ」と声をかけています。「ほら、見てごらん」「○○ちゃんも、□□ちゃんも食べているよ」とまわりの友だちの様子も見せます。

食べられたら、「えらかったね！」とほめています。

なぜNG？

従わせない　子どもを**脅して**従わせようとしている

楽しい保育　食べることが**楽しくなっていない**

比較しない　**人と比べている**

食べるように強いられるのはつらいことです。無理に食べさせることで子どもによい影響はありません。食はがんばるものではありません。

「小学校へ行ってから困るよ」という言葉は、どれだけ心配そうに言っても脅しです。小学校へ行くことが、つらくなってしまう危険があります。人と比べて劣っていると意識させると劣等感をもつかもしれません。

信頼している人がおいしそうに食べる姿を見せる

人の脳は見たことのないものや経験したことのない食べ物に対して、拒否する機能をもっています。食べたら危険かもしれないと本能で判断します。そのため子どもは、経験したことのない味を嫌がることが多いのです。子どもの味覚の世界を広げることは、保育者の仕事です。

子どもは、信頼している人がおいしそうに食べていると、「食べてみようかな」と興味をもちます。保育者が食べて見せたり、友だちが食べているのを見て「○○ちゃん、おいしそうに食べているね」と話してみましょう。

もし、一口でも口に入れられたら「口に入れられたね」と、進歩を認めます。口に入れたものを出しても、「口に入れられてよかったね」と、小さな前進も認めて喜びましょう。

言葉かけ

「これも食べるとおいしいよ」

その子だけに聞こえるようなひそひそ声で

「実は先生も前は食べられなかったけど、食べられるようになったよ。おいしいよ」

プラス ピーマンが好きになる「魔法のことば」

ちょっとしたきっかけで、好き嫌いが克服できることがあります。

ピーマンが食べられない子に「これ、ピーマンじゃないよ。パプリカっていうんだよ」と伝えると、いつもと違う言葉の響きから、食べてみようと思うことも。

また、食育活動で育てた野菜や自分で切った野菜なら食べられるかもしれません。

食事

一人で食べられる子は、安心なのでノータッチ

ふだんからしっかり者のAちゃん。保育者の手をわずらわせることもなく、食事も一人できちんと食べることができます。

保育者は食事の手助けが必要な子やふざけている子への対応に追われ、気づけばAちゃんにかかわることなく食事の時間が過ぎています。

なぜNG？

発達に必要な経験
子どもが食のねらいに向かっているか見届けていない

公平に全力で
子どもが保育者を必要とする場面を見逃してしまう

生活面での自立ができている子、自分から保育者に発信しない子の思いは後まわしにされがちです。でも、どの子にも保育者を必要とするときがあります。どの子も公平に育てなければなりません。

手がかからないからといって、その子を見ることを怠ると、育ちにかかわる大事な場面を見逃してしまうことにもなります。

残さずに食べることだけが食事のねらいではありません。その子に注意を向ける習慣がないと、その子なりに発している小さなメッセージに気づけないのです。

OK すべての子の食事を見届ける

「友だちと会話しながら楽しく食べる」「食材に興味・関心をもつ」など、食事にも保育のねらいがあります。A子ちゃんの食事がそのねらいに沿った活動となっているか見届ける必要があるのです。

無表情で食べているようなら話しかけ、グループの友だちともやりとりができるようにしましょう。笑顔で食べているなら、食事の楽しさを味わっているといえるでしょう。

毎日、全員の食事を見届けることは難しいですが、今日はこのグループ、明日は隣のグループというように、週に一度はかかわって育ちを見届けましょう。

> 言葉かけ
>
> 「よくかんで食べているね」
> 「○○ちゃんの好きな食べ物は何かな？」
> 「おうちでも○○を食べることある？」

プラス 食べものクイズ

給食やお弁当の中に入っているものを当てるクイズを出します。
「赤くて丸くて、緑色の帽子をかぶっている野菜はなあに？」（答：ミニトマト）
「黄色くてぐるぐるまきはなーんだ？」（答：たまごやき）
クイズ形式で話しかけることで大勢の子どもが参加し、会話を楽しむことができます。また、子どもが食材をよく見る機会にもなります。子どもに出題してもらうのもいいですね。

食事

はしをうまく使えない子どもに、指導しながら食事をする

4歳児から、いっせいにはしの指導を始めます。Aちゃんははしの持ち方が正しくないため、ブロッコリーがうまくつかめません。そこでいったん食事を中止し、ピストルの形にした指にはしを一本乗せるところから教えました。

なぜNG？

楽しい保育 食事の時間が苦痛になってしまう

発達に必要な経験 それぞれの発達に応じた指導をしていない

子どもは一人ひとり発達に違いがあります。とくにはしの使い方など手先の巧緻性は、家庭での経験によって大きく差が出ます。4歳児になったからといって、いっせいにはしの指導を始めることには無理があるでしょう。

また、うまく使えない子に対して食事中に指導することで、楽しいはずの食事が苦痛になってしまいます。はしとフォークのどちらで食事をしたいかを子どもに問いかけ、本人の気持ちを優先させましょう。まずは、楽しく食事をすることを優先したいものです。

子ども一人ひとりの発達に合わせてはしを導入する

　はしを含め食具の導入は、年齢ではなく、子ども一人ひとりの発達に合わせておこないます。たとえば、まだフォークの使い方もおぼつかない子にはしをもたせても上手に扱うのは難しいでしょう。「下から握り」を定着させれば、それほど困難なく次の段階に移行できるでしょう。また、保育者やほかの子がはしを使っている様子を見て、子どもがやりたくなった時期に挑戦させるのもよい方法です。

　はしの持ち方の指導は食事の時間ではなく、スポンジや豆つまみなど遊びを通しておこなうなど、楽しみながら身につける方法を工夫したいものです。

　また、家庭と連携して徐々にはしの扱いに慣れられるようにしていきましょう。

言葉かけ

「おはしで食べてみる？　かっこいいね」
「だんだん上手になるよ」
「一本だけ動かしてはさむんだよ」

プラス

ペンや色えんぴつの持ち方をチェック

　動かすほうのはしの持ち方は、サインペンや色えんぴつの持ち方と同じです。ピストルの形にした指にペンをのせ、人さし指と中指ではさんで自由に動かせるように見守りましょう。

> 食事

好きな友だちと食べられるように、昼食は自由席

　食事の時間は、子どもの主体性を尊重し、それぞれが好きな席に座れるようにしています。朝、子どもたちは「○○ちゃん、今日一緒に食べようね」と約束するなど、席決めを楽しんでいます。

　一方で、「○○ちゃんと食べたいのに、ダメと言われた」と悲しんだり、○○ちゃんの隣を争ってけんかが起こったりもしています。誰にも誘われず、ひとりで座っている子もいます。

なぜNG？

 子どもが安心できない

 楽しく食事ができない状況をつくっている

 席決めのねらいが明確でない

　昼食が自由席であることのねらいは何でしょうか。まずはそこを明確にしましょう。子どもの主体性にまかせているというと聞こえはいいですが、食事の場面では、子どもの気持ちが不安定になりがちです。

　朝から「誰と食べるか」で頭がいっぱいになって遊びに集中できなかったり、仲間に入れなかった子どもは悲しい気持ちになったり。それが原因で園に来るのが苦痛になる可能性もあります。

OK 子どもが安心して食事ができる環境をつくる

　家庭の食卓でも、家族が座る席は決まっているでしょう。食事は原始的な行為で、心を開いている人と安心できる状況で食べたいのが人間の本能です。食事の場面では、決まった指定席があるということが安心感につながります。

　園では4～5人の小グループで、テーブルを囲んで食べるのがよいでしょう。月に1回程度の席替えでまた新たな人との食事を楽しみ、気分をリフレッシュしてもいいですね。

　グループごとに用意ができたら、「いただきます」と食事を始めるなど、クラス全員が用意できるまで待たせないようにします。グループごとでおこなうことは、子どもたちにとってグループの特別感を感じる場になります。

> 言葉かけ
>
> 「いつもの席で食べようね」
> 「友達と一緒に食べると楽しいね」
> 「○○グループさんは用意が早いね」
> 「用意ができたグループから召し上がれ」

プラス

食卓での保育者の位置

　保育者はいつも固定の位置に座るのではなく、その都度、気になる子どものいるテーブルについて、一緒に食べましょう。午前中の保育でトラブルがあった子や朝から落ち着かない様子の子を見守ります。隣ではなく席を2つくらい空けた席に座るとよいでしょう。いすは壁側に置き、保育室の中心を向いて座ります。

降園

帰りの会で半分以上、保育者が話す

　帰りの会では、子どもといっしょに今日一日の出来事を振り返ります。「今日はお散歩に行って楽しかったね」「ちょうちょうが飛んでいたね」「春になったんだね」「ほかにどんな虫がいたかな」。保育者が話題を広げ、クラス全員で共有します。子どもも反応してときどきは話しますが、保育者の声がいつも響いています。

なぜNG?

 人とかかわる力を支える
子どもが思いを**言葉にするチャンス**、友だちの**話を聞くチャンスを奪っている**

 考察する
帰りの会のねらいを、振り返っていない

　まずは、帰りの会のねらいを振り返る必要があります。保育の場では常に子どもが主役。帰りの会は、保育者が一方的に話をする場ではありません。

　帰りの会は、子どもがみんなの前で自分の思いを話したり、友だちの話に耳を傾ける絶好の機会です。子どもが育つ場になるよう、会のもち方を見直す必要があるでしょう。

OK 子どもが話す機会をつくる

保育者は話題の投げかけやコーディネート役にとどめ、できるだけ子どもが今日の出来事について語る場にします。今日おもしろかったことやうれしかったこと、いやだったことなど、自分の思いを言葉にすると同時に、友だちの話を聞く機会になります。

いつもは話すことが少ない子には、保育中に何か楽しい経験をしている場面をとらえ、「今日の帰りの会で話してね」と伝えます。そして、帰りの会で「○○ちゃん、あのこと話して」とすすめるようにし、どの子にも人前で話す喜びが味わえるようにします。人前で話すことが苦手な子には、保育者がそばについて一緒に話すようにすると、次第に上手になるでしょう。

言葉かけ

「○○ちゃん、このこと、帰りの会で話してね」

「お散歩の途中、いいもの見つけたんだよね。そのこと、話してくれる？」

「先生と一緒に、みんなにお話ししようか」

「大丈夫！ 応援するから」

「○○ちゃんのお話を聞いて、どう思った？」

プラス

きらきらマイクを活用

トイレットペーパーの芯などを使って、手作りのステキなマイクを作りましょう。話す際に持つと、誇らしい気持ちになり、喜びも増すでしょう。ほかの子どもたちからも誰が話すのかが明確になり、聞く姿勢も整います。

降園

NG 降園時に、声をそろえてあいさつさせる

あいさつがきちんとできる子どもになってほしいので、おかえりのあいさつは気をつけの姿勢でピシッと大きな声で「先生さようなら、みなさんさようなら」と言うように指導しています。みんな大きな声で言えるようになったので満足しています。

なぜNG？

 従わせない　声をそろえてあいさつすることを、子どもに強いている

 価値観を伝える　あいさつは心をこめてすることを、伝えていない

心のこもったあいさつでなければ意味がありません。言わされているあいさつ、お経のようなあいさつでは意味がないのです。

子どもにも体調や気持ちの波があります。その日の園での体験により、子どもの表情は大きく変わります。降園時は、そんな子どもの様子を見て、明日に生かすための貴重な時間でもあります。目を見て、一人ひとりと生きたあいさつを交わしたいものです。

OK 子どもの表情を見て、明日につながる言葉をかける

降園時には、「今日、この子は園の生活を楽しめたかな？」「やりたいことは十分にできたかな？」という視点から子どもとしっかり向き合います。子どもに満足感があるかどうかは表情を見ればわかります。

「さようなら」に不満そうな様子が見られたら、原因を考え、たとえば「今日、〇〇ちゃんができなかった団子づくり、明日はできるように準備しておくね」など、翌日が楽しみになるような言葉をかけます。

握手したり、ハイタッチをしたり、ふれ合いながらあいさつを交わすのもすてきですね。

言葉かけ
「〇〇ちゃん、さようなら」
「また明日ね」
「今日、お絵描き楽しかったね」
「お絵描きのつづきは、明日やろうね」

プラス　あいさつは心を込めて

あいさつは自分の心を届けるものです。相手の目を見て、「さようなら」と声をかけることに意味があります。

子どもだからと、いつも大きな声で元気よく言うことを求めてはいけません。その子のトーンで、その子の言い方で気持ちを伝えられればいいのです。

形ではなく、あいさつの本質を子どもたちに伝えましょう。

記録・引き継ぎ

NG 記録は、その日の出来事をすべて書きだす

保育記録には、その日にあったことを朝の出来事から順に書きます。思い出しながら書くので、とても時間がかかりますが、しなければならないことなので、仕方なく記しています。

なぜNG？

子どもの成長を捉えていない

保育の振り返りにならず、考察がされていない

保育記録に何を書いたらいいのかわからないと悩む保育者は多いようです。保育記録には、その日にあったことすべては書けません。何を書いて何を書かないのか、選択という作業が入ります。

自分の援助によって子どもがよい経験を重ねられたのか、あるいは空振りに終わったのか検証する必要があります。うまくいかなかったら、「次はこんな方法でやってみよう」と作戦を立てるのです。一日の出来事を書くだけでは、保育を振り返っていることになりません。

OK 自分の保育を とらえられるように書く

　その日に心に残ったエピソードを拾い、それが子どもにとってどのような意味があったか、その結果、子どもがどのように育ったかについて、保育者の考えも交えて書きます。

　その場にいなかった人が読んでもわかるように書くことも大切です。子どもの表情や仕草、つぶやきなども書き留めておきましょう。

　保育計画に基づいたねらいにどのくらい近づけたか振り返り、それをもとに次の日の保育を組み立てていくのです。

例
- トラブルの様子と、両者にとってどのような経験となったか
- 援助したことによって子どもがどのように変化したか
- 子どもの育ちを感じた場面
- うまくいかなかった援助について

プラス

個人名も記しておくと、要録の資料に

　子どもの育ちや気になる子どものエピソードは、個人名も入れて具体的に書いておくといいでしょう。保護者との個人面談の際にも具体的な場面を話せ、年度末に要録を書く際にも役立ちます。

　その子のエピソードを並べて眺めると、1年間の成長が見てとれるでしょう。

記録・引き継ぎ

 引き継ぎで「特に変わったことはありません」と伝える

　早番から遅番の保育者に引き継ぎをします。特別な出来事もトラブルもなかったので、「いつもと変わりありません」と伝えます。

なぜNG?

 子どもの**成長の機会を見逃している**

子どもの**様子や育ちを振り返っておらず、引き継ぎになっていない**

　体調の変化やけが、特別なトラブルだけが伝えるべきことではありません。
　子どもの育っている姿はなかったでしょうか。今まさに集中して取り組み、まもなく達成感を得られるだろう場面はありませんか。そのような姿や気持ちも引き継がなければ、成長の機会を見逃すことになります。
　引き継がれた保育者も子どもの様子がわからなければ、かかわり方がわからず、ただ子どもを見るだけになります。迎えに来た保護者にも今日の様子を伝えることができません。

OK 子どもの心の動きを伝え、次の成長につなげる

　引き継ぎでは、これまで心がけていた援助を伝えます。そして、保育中に気になったことは、必ず伝えるようにします。体調がすぐれない子、思いが通らずくじけている子などの様子を伝え、「少し心配なので、気にかけてあげてください」などと伝えます。

　また、気になることでなくても、「○○ちゃんは、この遊びに興味をもっています」「△△ちゃんのまねっこをして、△△ちゃんに親しみを感じているところです」など、見届けてほしいことや次の発達に必要な経験につながることも伝えます。

> **言葉かけ**
> 「△△くんはさっき友だちとパズルの取り合いをして心を落ち着けているところなので、様子をみてください」
> 「○○ちゃんはお母さんの絵を描いてるので、お母さんに見せてあげてください」
> 「□□ちゃんは○○ちゃんに興味があり、まねっこをしています」

プラス 「本日の見どころ」を伝授

　せっかく数時間も子どもと一緒に生活していたわけですから、子どものかわいいしぐさ、セリフ、もう少しでできそうなことなどを話すことで、「本日の見どころ」として引き継ぎの際に話しましょう。
　引き継いだ保育者も、保育がさらに楽しくなるでしょう。

園行事

NG 生活発表会が成功するよう、何度も練習させる

年に一度の生活発表会は、保護者も楽しみにしているイベントです。子どもの成長を保護者に喜んでもらえるように、発表会はぜひ成功させたい。そこで、セリフや動きを完全に覚えるように、毎日くり返し練習します。子どもは疲れた顔をしていますが、みんなでやりとげた喜びを味わうためには必要なことです。

なぜNG？

 子どもが楽しんでいない

 子どもを無理やり練習させている

生活発表会は、完成した劇や演奏を保護者に見せることが目的ではありません。また、保育のでき栄えを発表する場でもありません。

生活発表会で大事なのは、子どもが表現する楽しさと見てもらう喜びを味わうことです。

子どもは何度も同じことを練習させられると、表現の楽しさを感じられなくなってしまいます。

このようなことが続くと園へ来ること自体がいやになる可能性もあります。

OK 子どもにとっては毎日が楽しい本番

　子どもにとっては、毎日が楽しい劇遊びです。決して、本番のための練習ではありません。今日には今日の劇遊びの楽しさがあり、明日にはちょっと工夫してセリフを変えてみる楽しみがあり、劇遊びは進化していくのです。この楽しい劇遊びをある1日、保護者にも見せてあげるだけと心得ましょう。

　セリフを言うのが苦手な子がいたら、まずは友だちと一緒に言うようにします。今日は気分が乗らないという子どもがいたら、無理に参加させなくてもいいでしょう。「今日はお客さんになってみんなの様子を見て、アドバイスしてね」と伝えます。その子の気持ちに応じたやり方を考えましょう。

言葉かけ

「今日の劇遊びも楽しかったね」
「○○ちゃんのセリフが大きな声ではっきり聞こえたよ」
「明日はフィナーレの場面で持つお花を作ってみようか」

プラス 役を交代して楽しむ

「いつもこぶたの役をやっているけれど、オオカミの役もおもしろそうだな。やってみたいな」と思っている子どももいるはずです。「ほかの役をやってみたい人いるかな？」と声をかけ、いろいろな役になる楽しさも経験できるようにしましょう。
　いくつかやってみたなかで、「発表会にはこの役をする」と子どもが決めてもよいのです。

園行事

行事の進行やあいさつは、やりたい子だけにさせる

生活発表会の「はじめの言葉」と「終わりの言葉」は、子どもが話します。自主性を重んじることが大切なので、やりたい子に手を挙げてもらい、希望者で決めます。

いつも手を挙げる子はだいたい決まっていて、おとなしい子はじっとしています。

なぜNG？

 子どもの成長のチャンスを奪っている

公平に接していない

「やりたい子にやってもらう」のはよいことのようですが、やりたい子は多くの場合、すでに上手にできる子です。希望者制にすると、もう十分力がついている同じ子ばかりが話す役割を得ることになりがちです。

話が上手にできる子にいつも任せると保育者は楽ですが、力をつける必要のある子どもの成長のチャンスを奪うことになってしまいます。

どの子どもにも幼児期の終わりまでに身につけたい力がつかなければ、公平な保育とはいえません。

OK 話すことが苦手な子どもの成長のチャンスとする

　十分力がついている子に何度も同じ経験をさせる必要はありません。やったことがない子、モジモジしている子にこそ、役割をふり、成長のチャンスにします。

　二人だけのとき「○○ちゃん、やってみたら？」「○○ちゃんならできると思うよ」とチャレンジするように誘いかけます。

　挑戦して、やってみて、できた！　という経験がその子の自信になるでしょう。

　また、その子の様子を見て、クラスの子どもも「○○ちゃん、上手になったな」と感じると、お互いを認め合うよい雰囲気がクラスに生まれ、全員の成長にもつながります。

言葉かけ

「○○ちゃん、やってみたら？」
「先生も応援するよ」
「いっしょに言ってみよう」
「だんだん声が大きくなってきたね」
「挑戦しようとする気持ちが素晴らしいね」

プラス　練習はスモールステップで

　大きな声が出せない子は、はじめは保育者の隣で、上手になったら「次はドアのところで言ってみよう。先生はこの壁のところで聞いてるよ」と少し離れたところから声をかけて待ちます。次には外で、という具合に徐々に距離を伸ばし、声の安定と自信をはかります。

　「上手になったから、次は園長先生に聞いてもらおう」といろいろな人に聞いてもらうチャンスをつくると、さらに認められ、自信につながるでしょう。

園行事

NG 作品展では、同じテーマの製作物を並べる

作品展で展示する製作物は、クラス全員が同じテーマで作品を作ります。「粘土で作った動物」「遠足の絵」などをずらりと並べて展示します。これは、不公平にならないためです。展示する数も学年で決めています。

なぜNG？

！ 主体性を育てる 何を展示するかを**子どもが決めていない**

▲ 比較しない 子どもも大人も**優劣を感じてしまう**

園では、1年のうちにさまざまな製作をしているはずです。子どもによって見せたい製作物はそれぞれ。みんなが同じものを展示する必要はありません。なかには、作品展で展示した製作物はうまくできなかったから見せたくないと思っている子どもがいるかもしれません。

また、同じテーマの作品をずらりと並べて展示すると、製作物の優劣がはっきり見えてしまいます。保護者はどうしても比較してみてしまいがちです。「うちの子はへたなのね」とがっかりするだけになる可能性もあります。

製作の過程を見せる展示を工夫する

　製作物を展示するときは、「○○ちゃんはいもほりの絵と動物の絵とどっちを飾りたい？」と本人にたずねるとよいでしょう。「どちらも気が進まないからこれからもう1枚描きたい」と言うかもしれません。

　作っている際の子どものつぶやきも書いて展示するなど、製作の過程がわかる工夫をするようにすると、作品に込めた思いが伝わります。

　また、横一列に並べるのではなく、段差をつける、絵なら少しずらしてはるなど、展示の仕方にも工夫すると、見て楽しい作品展になります。台紙の色や形を変えるのもいいですね。その子の作品が最も輝く飾り方を追求します。

　立体の製作は統一テーマの作品だけでなく、自分で選んだ素材で、自分の作りたいものを自由に作る場も設けましょう。バラエティに富んだ作品を飾りたいものです。子ども一人ひとりの表現のよさが伝わる会場にしましょう。

展示例

「がんばれ」「すごい」の多用はNG

保育の中で多用しがちなのが「がんばる」という言葉。

子どもに何かをやらせたいときに、
「がんばって、一人でお着替えしよう」
「がんばって、苦手なものも食べよう」
「がんばって、跳び箱を跳んでみよう」

子どもが取り組んでそれができたときに、
「よくがんばったね」
「がんばったからできたんだね、すごいね」

このように、励ますときもほめるときも「がんばる」という言葉をいつも耳にしていると、子どもは「いつもがんばらなければならない」と思い込んでしまうのです。これは、とても苦しいことです。

本来、遊びも食事も「がんばる」ものではありません。子どもは「楽しい」と感じた経験からしか学べません。集中して何かに挑戦するのは楽しいことなのです。いつも「がんばれ」という言葉で追い立てないでください。力を尽くすのは大切なことですが、いつもがんばらせる保育は控えましょう。もっと気楽に生活を楽しめるように見守りたいものです。

「すごい」とは、何がどのように「すごい」のでしょうか。驚いていることは伝わりますが、ほかは何も示していないのです。「○○ができたね」「○○を工夫したね」と具体的に言葉にしたいものです。
「すごい」ばかりを連発する保育者のもとでは、何を見ても「すごい」としか表現できない子どもが育つことになりかねません。

第2章

やってはいけない！
保育のNG
遊び・人間関係編

遊びや子どものかかわり（人間関係）におけるNG行為を通して、保育の本質への理解を深めます。

自由遊び

NG 遊び方を、いちからていねいに教える

自由遊びの時間。3歳児が砂場で、砂をシャベルでただ掘り返して遊んでいます。子どもにもっと砂遊びの楽しさを知ってほしいと考え、保育者はカップに砂を入れてひっくり返し、上に木の実や花びらを飾って「ケーキ」を作って見せました。そして、保育者は子どもに「やってごらん」と促します。

こうやって、こうやってこうやるの

なぜNG？

主体性を育てる 子どもが遊びの楽しさに**自ら気づくチャンス奪っている**

楽しい保育 **子ども自身が楽しいと思っていない**

砂など自然の素材と触れ合う遊びは、子どもをいきいきとさせます。砂場には、感触を楽しんだり、砂の性質に気づいたり、創造活動につなげたりなど、質の高い遊びを経験できる機会がたくさんつまっています。

ただし、それは子どもが自らかかわって、自ら見い出してこそ。保育者がやり方を示して同じようにさせることは、子ども自身が遊びを見つけ出す楽しみを奪っているのです。

遊びのヒントを示し、自分で気づけるように

　援助しなくても子どもの遊びが広がりそうなら、保育者はそのまま見守ります。でも、子どもだけではなかなか発展せず、停滞する場合もあります。子どもにぜひ経験してほしい遊び方があれば、保育者はやり方を教えるよりも、そのヒントを提示しましょう。

　たとえば、砂を入れたカップをもち、ひっくり返して、「わあ！　ケーキみたいになったね」と保育者自身が初めて体験したかのように驚いてみせます。ほかにも、「どんぐりがあるよ」などと言葉をかけ、子どもが自分からやってみたいと思えるようにするのです。子ども自身が気づけるように支えることが保育者の役割です。

言葉かけ

「このカップをひっくり返してみて。どうなるかな？」
「わぁ！　ケーキみたい！」
「お団子をもっと固くするには、どうしたらいいかな？」
「お水を入れてみたら、どうなるかな？」

プラス

年齢別・砂場で経験させたいこと

　2・3歳児は、砂と触れ合って感触を楽しむことから始めます。水でぬらすと色が変わることや、形を作ったり、型抜きをしたりなどができるようにします。
　4歳児は、山を作ったり溝を掘って水を流すなど、友だちと遊ぶ楽しさを味わえるようにします。
　5歳児は、山を作る、トンネルを掘る、水を運んでくる、道具を使うなど、友だちと役割分担をしながら遊び、協同から得られる達成感を経験させます。
　目の前の子どもにはどのような経験が必要か、年齢をとらわれずに判断しながらかかわりましょう。

自由遊び

NG 砂場の道具は、どの年齢も同じものを使う

砂場では、大きいシャベルや小さいスコップ、バケツ、ざる、茶碗、皿、スプーンなどを使って遊んでいます。不自由はなく、楽しそうに遊んでいるので、どの年齢も同じセットをずっと使い続けます。

なぜNG？

 子どもの発達に応じた使い方が想定されていない

 自分で考え、**遊びをつくるための環境設定が不十分**

　保育者は、子どもの発達に応じて子どもが創意工夫して遊べるように、環境設定を見直す必要があります。

　子どもの遊びの発展を見通しながら、遊び道具を整えることも援助のひとつ。それを怠っていては、子どもは自分で考え、遊びをつくっていくことができません。

　年齢が違えば、遊び方も変わってきます。楽しく遊んでいるように見えても、違う道具があればもっと遊びが広がる可能性もあります。その可能性のきっかけを作るのが保育者の仕事です。

OK 遊びの発展を見通して、新しい道具を取り入れる

　保育者はまず、子どもの遊びをよく見て、何を楽しんでいるのか見極めます。その遊びが次にどのように発展するか、そのためにはどのような道具が必要かを探るためです。

　砂場で遊んでいる子どもがカップに砂を入れて遊んでいるなら、それをひっくり返してプリンのような形にするためには、少し水を足して砂を湿らせなければなりません。それには水を運ぶためのジョウロやおけ、樋（とい）が必要ですね。

　保育者は次の段階につながる道具を用意し、さりげなく、あるいは自ら遊びを提案しながら、新しい道具を提供していきたいものです。

言葉かけ

「水をかけると、どうなるかな？」
「ジョウロを持ってきたよ。使えそうかな？」
「もっと山を高くするには、どうしたらいいかな？」
「大きなシャベルがあると便利だね」
「ホースもいる？」

プラス　砂遊びで活躍する道具

　砂場ではシャベルやバケツが定番の道具ですが、遊びを広げる道具はほかにもあります。

　3歳児はプリンカップが大活躍。きれいな形ができ、ままごとのきっかけにもなります。夏にはペットボトルをプラスすると、ジュース屋さんごっこができます。

　4歳児は、自分たちで道具を組み合わせ、遊び場を作ることができるようになります。そこで活躍するのが樋（とい）。流しそうめんの竹やじょうごもいいですね。水が高いところから低いところへ流れることを自然に学びます。

自由遊び

片づいた保育室で保育者が選んだおもちゃだけで遊ばせる

おもちゃは基本的に棚にしまっておき、遊びの時間に「今日はこれで遊ぼう」と保育者が選んで提供します。飽きないように、毎日、目先を変えて違うおもちゃを出しています。

なぜNG？

主体性を育てる　子どもが**自由に遊びを選べない**

楽しい保育　遊びの続きができず、子どもが**遊びを展開させる楽しさを味わえない**

　おもちゃが棚の中にしまってあり、すっきりと片づいた保育室。部屋が広々と使えるし、見た目もきれいですが、子どもにとってよい環境とは言えません。

　子どもはまず、目に入ったものに刺激され、「これで遊びたいな」「こんなふうに遊びたいな」とイメージをふくらませます。片づいた保育室は、子どもの発想を刺激しません。子どもが自由に好きな遊びを選べないのは主体的といえません。

遊びを選べるコーナーを

子どもが自分で遊びを選ぶことが大切です。いろいろな遊びの中から、自分で選べる環境を工夫します。ままごとコーナー、ブロックや積み木などの構成コーナー、折り紙やパズルなど座って遊べるコーナーなど、いくつかのコーナーを設定するとよいでしょう。

お絵描きや製作に使うセロハンテープやホチキス、油性ペンなどの道具類は、子どもが使いたいとき、すぐ手に取れる場所にしまいます。

保育者に、その都度「のりをください」「折り紙をください」などと言わなくても、自分で選んで使える環境にしたいものです。

そうすることで、昨日の続きをしたい子どもも出てきます。そこから遊びが発展していくのです。

言葉かけ

「今日はどの遊びがしたいかな？」
「どれでも好きに使っていいよ」
「今日は何して遊ぶ？」
「製作の道具はここにあるからね。使いたいときにいつでもどうぞ」
「使い終わったら、元の場所に返してね」
「後から来た人が気持ちよく使えるようにしておいてね」

プラス

箱積み木の置き方

箱積み木の角をぴったり合わせて積んであると、子どもは「触ってはいけない」と感じて遊びにくいもの。2、3個引っ張り出して前に置くなど、子どもがそこをとっかかりに遊びを始められる環境設定が望まれます。片づけの際には、ぴったりと片づく心地よさを味わえるようにしましょう。

自由遊び

トラブルにならないよう、保育者がままごとの役を決める

ままごと遊びに5人の子どもが集まりました。3人がお母さん役をやりたいと言い、なかなか決まりません。いまにも、けんかが始まりそうです。そこで、保育者が「じゃあ、今日は○○ちゃんがお母さん役ね」「△△ちゃんは昨日お母さん役をやったから、今日はお姉さん役ね」などと間に入って、遊びを仕切ります。みんなは不満そうですが、何も言えません。

○○ちゃんがお母さん役ね

なぜNG?

発達に必要な経験
子どもが自分たちで問題を解決する機会を奪っている

人とかかわる力を支える
人とのかかわりを学べない

従わせない
子どもを従わせている

できればトラブルは避けたいと思いがちですが、子どもの成長において、大切な経験のひとつです。

自分の気持ちを相手に伝え、相手の気持ちを知るという、生きるうえで大切な人とのかかわり方を学ぶチャンスです。保育者は、その機会を活かす必要があります。保育者がこれまでの経緯を考慮して采配したとしても、役を押しつけられたとしか感じられないでしょう。

OK 子ども自身が解決策を見つけられるように

　保育者は、子ども一人ひとりが自分のなりたい役を言えるように促します。そして、「○○ちゃんも△△ちゃんも、お母さんになりたいんだって。どうしたらいいかな？」と問いかけます。「じゃんけんをする」「順番にする」「昨日は○○ちゃんだったから、今日は△△ちゃん」などという意見が子どもから出てきたら、「いい考えだね！」と認めます。

　大切なのは、子どもが自分の気持ちを相手に伝え、相手の気持ちを知り、折り合いをつける経験をすることです。始めは保育者が援助しながら、そのうちに子ども同士で話し合えるように導きましょう。

> 言葉かけ
>
> 「自分のやりたい役をちゃんと言えたね」
> 「じゃあ、どうやって決めようか」
> 「いつもお母さんをあまりやっていないのは誰？」
> 「○○ちゃんはゆずってあげられるの？　優しいね」

プラス

年齢別・ままごと遊びの援助法

　3歳児は、ままごと遊びの場にいるだけで満足できます。お母さん役が何人いてもあまり気にしません。全員が自分のやりたい役になれるように援助します。
　4歳児は、役になって友だちとのやりとりが楽しめるようになります。お母さん役が何人もいるのはおかしいと感じるようになります。保育者は、それぞれのやりたい気持ちを代弁しながら、折り合いをつけていきます。
　5歳児は、それぞれが役割を担うので、ストーリーの展開を楽しめるようにします。

> 自由遊び

ごっこ遊びに「何しているの？」と声をかける

子どもが4人でおうちごっこをしています。トラブルもなく、仲よく遊んでいるようです。保育者はしばらく見守りましたが、あまり長い時間放っておくのはよくないと思い、「何しているの？」「先生も入れて」と声をかけました。子どもは動きを止め、「おうちごっこだよ」「私はお母さん」「先生は何の役になりたいの？」と言いました。

 子どもが必要としていないときに、意図なくかかわることは、遊びの妨げになる

子どもが必要としているときは、それに応える援助をすべきですが、子どもが必要としていないときに意図なくかかわろうとするのは迷惑です。「何しているの？」と言うことで、せっかくお母さんになっている子どもを現実に引き戻してしまいます。自由に広がろうとしている子どもの世界が壊れてしまう場合もあります。

また、子どもの遊びに入る際には、「〇〇ちゃんの言葉を引き出したい」「遊びの工夫を促したい」「このメンバーの人間関係を探りたい」など援助の明確な目的があるべきです。何となく入ることは援助とはいえません。

OK ここぞ！ というときにかかわれるよう、子どもの育ちを見極める

　声をかけたり、一緒に遊ぶことで保育をしている気になり、黙って見守るだけでは仕事をサボっているように感じる人もいます。しかし、目に見える行為だけが保育の仕事ではありません。子どもが保育者を必要とするときにすぐ応えられるよう、子どもの言動を見守り、展開を予想しながら、そばにいることも大切です。

　ここぞ！　という瞬間にかかわるためには、子どもをしっかり観察し、この遊びで何が育っているのかを見極めることです。ここでこの子にこんな経験をプラスしたいと感じたときがその瞬間です。いつも小さな声の子に大きな声を出させたいと思ったら、ごっこ遊びのなかで声を出すきっかけを作りましょう。

言葉かけ

「ピンポーン。宅急便をお届けにきました」
「トントン。隣の山田です。うちでケーキを焼いたので、どうぞ食べてください」
「便利屋です。何かお困りのことやお手伝いすることはありませんか？」

 プラス　ごっこ遊びを発展させるには

　子どもたちがなっている役に合わせた言葉をかけると、ごっこ遊びが発展します。お店屋さんごっこをしていたら「こんにちは、ドーナツ２つください」、お医者さんごっこなら「先生、のどが痛いです」という感じです。

　ごっこ遊びの世界の役を担った言葉をかけることで、子どもの会話に入り、様子を知ることもでき、遊びを展開させるきっかけにもなります。

設定遊び

走るのが苦手な子どもに競走させる

走ることが苦手な子どもがいます。そこで、やる気を引き出すため、競走を意識させることにしました。かけっこをして順位を競い、金・銀・銅メダルで表彰します。苦手なことでもがんばって取り組もうという気持ちが育つよう願っています。

なぜNG？

 子どもに劣等感を抱かせる

 苦手な子どもが楽しいと思える工夫がない

 子ども同士を比較する環境を作っている

走ることを通して子どもに伝えたいのは、体を動かすことの気持ちよさと楽しさです。競走させることで足の速さ、遅さが明らかになると、苦手な子どもはますます走ることが嫌いになってしまいます。

この時期に育てたいのは、自分はやればできる、上達するという有能感です。優越感や劣等感を植えつける環境をできるだけつくらないようにしたいものです。

OK 思わず走ってしまう楽しい遊びから始める

　ヨーイドン！　で一斉に走るのは、走ることが苦手だと感じている子どもには嫌なものです。追いかけっこなど、思わず走ってしまう遊びから始めるとよいでしょう。

　たとえば、保育者がオオカミになって「食べちゃうぞ～」と追いかけてみます。キャーキャー言いながら逃げまわることで、子どもは自然に走りだすでしょう。ふだん走ることに苦手意識をもっている子どもでも、思わず走ってしまった、楽しかった、気持ちよかったという経験を重ねることで、次第に走ることが好きになっていきます。

言葉かけ
「○○ちゃん、待て待てー」
「逃げ足が速いなあ」
「次はオオカミになってみる？」

プラス

走ることが楽しくなる遊び

　走ることを取り入れた遊びですぐに思いつくのは、鬼ごっこです。ただし、足の遅い子ばかりが鬼になってしまったり、なかなか友だちを捕まえられなかったりして、走ることがますます嫌いにならないように注意する必要があります。

　そこで、「ドロケイ」のような助け鬼、「手つなぎ鬼」など鬼が複数いるものがおすすめです。走っているうちに「前より走るのが楽しくなった」「速くなった」と感じられるように工夫しましょう。

設定遊び

縄跳びは、やりたい子だけがする

子どもの気持ちを尊重し、縄跳びはやりたい子だけが自由に取り組めるようにしています。好きではないことを無理やりやらせても、意味がないばかりか子どもの心の成長にマイナスだと思うからです。

縄跳びが好きな子は、どんどん上手に跳べるようになります。やりたくない子は、一度も跳ばないまま卒園することもあります。

なぜNG?

 子どもの**成長に必要な経験**をさせていない

 「やればできる」経験をサポートしない

子どもは苦手なこと、できないことを「嫌い」と感じます。縄跳びをやりたがらない子は、自分には跳べないと感じていたり、跳べない自分はかっこ悪いと思っていたりするからです。

しかし、子どもが嫌がることは何でも経験しなくてよいわけではありません。できるだけいろいろなことに興味・関心をもたせ、経験の幅を広げていくのが保育者の仕事です。

まずは、「縄跳びって楽しい」という気持ちにさせる環境をつくることが必要です。

OK 「エア縄跳び」で跳ぶ楽しさを経験させる

縄跳びのハードルをぐんと下げ、縄で遊ぶことから始めます。

例えば、低いところで縄をヘビのように揺らして跳び越えたり、真ん中で切った縄跳びを持って跳ぶまねをしたり。縄を使って遊ぶ経験を重ねることで、縄に対する親しみがわき、いつか「跳んでみようかな」という気持ちになる日がくるでしょう。

そして挑戦した勇気を認め、1回でも跳べたら「跳べたね」と共に喜び、子どもの有能感を育てていきます。

言葉かけ

「ヘビだよ。さわらないように跳んでみて」
「1回跳べたね」
「見えない縄跳びを跳んでみようか」
「回すのが上手になったね」

プラス　縄跳びができるスモールステップ術

縄で遊ぶことから始め、縄に慣れたり、跳ぶことの楽しさを感じながら、縄跳びができるようにしていきましょう。

❶ 地面に置いた縄を跳びます。
❷ 低いところでヘビのように揺らした縄を跳びます。
❸ 半分に切った縄跳びを右手だけに持ち、ビュビュン回します。次は左手に持ちかえ、ビュンビュン。慣れてきたら、両手で持ってビュンビュン。
❹ 何も持たず手を回しながら、ジャンプ！　エア縄跳びです。
❺ 縄を回して、1回跳びます。慣れてきたら、少しずつ回数を増やしましょう。

設定遊び

保育者が作ったサーキットで、子どもを遊ばせる

子どもたちを楽しませたいと思い、園庭に、子どもには作れないような大きなサーキットを保育者が作りました。

一本橋を渡って、フープのケンパをして、階段状の巧技台を登って、ジャンプ！ 鉄棒をくるんと回ったら、スタート地点へ戻ります。

「さあ！ やってみよう」と、元気な声で子どもたちを誘います。

なぜNG？

 子どもの**共同作業者**になっていない

 子どもに**サービスをしている**

子どもは、与えられたもので遊ぶだけでは成長しません。また保育者は、子どもを楽しませるためのエンターテイナーでも便利屋さんでもお手伝いさんでもありません。子どもが自分たちで主体的に遊べるように支えるのが保育者の役割です。

ときにはモデルとなり、子どもが思いつかないような遊びを示して刺激を与えることもあるでしょう。しかし、それはあくまでもきっかけづくり。子どもが考え、工夫する余地を残しておくことが大切です。子どもが興味をもって取り組み始めたら、保育者はそっと見守りましょう。

自分たちでサーキットづくりができるようにする

　子どもには、自分たちで遊びを作っていく喜びや達成感を経験させたいものです。フープを並べてケンパを十分に楽しんだら、「この続きに何があったら楽しくなるかな？」と子どもたちに投げかけてみましょう。一緒に一本橋を運んだり、巧技台で階段を作ったりと発展させていきましょう。その過程で友だちと意見を出し合ったり、力を合わせて運んだりという経験もできるはずです。

　自分たちで遊び場を作ったという思いが自信となり、さらに協同的な遊びに向かう力が養われるでしょう。

言葉かけ

「今日はこのフープを使ってどんな遊びをしようか」
「どんな遊び場を作りたい？」
「おもしろい遊び場ができそうだね」
「小さい組さんも呼んであげる？」

＋ 5歳児の遊びに入れてもらって学ぶ

　園でさまざまな経験をしてきた5歳児は、自分たちで考えを出し合いながら遊びを作り出していることでしょう。年下の子もそのような遊びに入れてもらい、5歳児に憧れを抱いたり、遊びのつくり方をまねたりする経験ができるようにしましょう。すぐにはできなくても、将来にきっと生きてくるはずです。

設定遊び

 活動は、必ず日案どおり

　園庭に雪がうっすら積もっています。都会には珍しい雪に、子どもたちは興奮気味。でも日案では、鬼の絵を描くことになっています。「さあ、鬼の絵を描こう」と、保育者はお絵描きの準備をすすめます。子どもは外の雪に気をとられ、窓の外をちらちらと見ています。

なぜNG？

 せっかくの自然環境を**子どもの生活に活かしていない**

 子どもの**興味・関心を引き出せていない**

　保育にはねらいがあり、それに沿って計画（年案→月案→週案→日案）を立てていきます。日案に沿って活動を進めることは大切ですが、日案に縛られて、その日、その瞬間にこそ子どもに経験させたいことをシャットアウトするのは得策ではありません。

　「自分のイメージを表現しようとする」というねらいは、鬼の絵を描くことでなくても、雪とかかわることでも近づけるはずです。目先の計画された活動内容にとらわれることなく、真に育てたいねらいを中心に据えましょう。

OK 育ちにつながるチャンスは、臨機応変にとらえる

　保育では、子どもの育ちにつながるチャンスは突然やってきます。保育者はそれに臨機応変に対応する力が求められます。たとえばこの場合、雪が降っていて子どもがそれに興味をもったのなら、予定を変更してでも外に出るべきでした。

　外の冷たさに気づく、雪に親しむなど五感を働かせる経験ができたはずです。

　時間についても、日案どおりにしなければならないわけではありません。製作に時間がかかり、もっと作ったもので遊びたい場合は延長するなど、子どもにとってよい経験となるよう調整してもいいのです。

言葉かけ
「みんな、外に出て遊びたい？」
「雪に触ると、手が冷たいね」
「雪さん、こんにちは」
「雪に触ったら、どんなかんじ？」
「雪でどんな遊びをしたい？」
「雪で遊ぶのは楽しいね」

プラス

急きょ、活動を変更する際の対策

　外遊びを予定していた日に雨が降るなど、活動を変更しなければならないときのために、室内遊びのネタをストックしましょう。事前の準備がいらず、ひとつの道具で遊びが展開でき、体を動かせる遊びがおすすめです。例えば、フープは電車ごっこ、基地にして探検ごっこができます。ほかに新聞紙やタオルも、遊びのバリエーションが広がります。

表現遊び

 作品がきれいに仕上がるよう、ていねいに準備する

今日は「カタツムリ」を作ります。保育者が色画用紙を切って用意した殻・目玉・体のパーツを台紙に貼るだけなので、迷うことなく簡単にできます。どの子もきれいな作品に仕上がりました。

なぜNG？

 楽しい保育　**子どもが個性を表現できない**

 主体性を育てる　**子どもが自分で選んで決める機会を奪っている**

子どもの発想が生きないような準備の仕方はNG。パーツをのりで貼るという作業に、子どもの個性が発揮できる部分はほとんどありません。見た目はきれいに仕上がるかもしれませんが、これでは表現する喜びが得られません。

誰も失敗しないきれいな作品を仕上げて、保護者に見てもらうことが目的になってしまっては困ります。

指示どおりにするのではなく、作る喜びを感じながら、わくわくして取り組める活動にしたいものです。

OK 子どものアイデアや個性を発揮できるしかけを作る

　全部を用意してしまわず、子どもの発想が活かせる部分を残しておきたいものです。3歳児なら殻の模様は自分で描く、4歳児なら殻の模様を描くことに加え、パーツの形や色は自分で選べるようにする、5歳児ならパーツを切るところから自分でする、などです。

　また、準備をまったくしないのもNG。色画用紙をドンと出して「何か作りなさい」と言われても、子どもはどうしていいかわかりません。子どもの発想を刺激するしかけが必要です。

　例えば、いろんな色の画用紙で三角や丸などの形を切って選べるようにしておきます。それを組み合わせて「ちょうちょうの形に見える」などわかると、何か作りたいという気持ちにつながります。

言葉かけ

「どの形のおうちを選ぶ？」
「クレヨンで模様を描いたら、おしゃれなおうちになったね」
「〇〇ちゃんのかたつむりさん、笑っているみたいだね」

プラス　さまざまな素材体験ができるように

　いつも画用紙ばかりではなく、和紙、障子紙、キッチンペーパー、トレーシングペーパー、不織布など、さまざまな手ざわりや質感の紙を経験させたいものです。目玉にする素材も、ボタンや牛乳のフタなど、身近にあるものを使うのもおもしろいですね。

表現遊び

NG 絵のテーマを当日に伝える

クリスマスが近い12月。

今日は月案で絵を描く日。子どもたちに「サンタクロース」をテーマに絵を描くように声をかけ、画用紙を配りました。子どもたちはキョトンとしています。なかなかクレヨンが進みません。

なぜNG？

😊 楽しい保育
子どもの興味・関心を引き出していない

⬇ 従わせない
指示に従わせているだけで、見通しをもった保育ではない

子どもの興味・関心を引き出す前に活動に入っても、子どもはやりたい気持ちになりません。急に何かをやるように言われても、どうしたらいいかをその場ですぐに考えておこなうのは難しいことです。

子どもたちの意識をクリスマスやサンタクロースに向けずに活動を進めても、子どもにとってプラスの経験どころか、楽しい活動にもなりません。また、保育者がお手本としてサンタクロースの絵を描き、そのとおりに子どもたちに描かせるのもNGです。それでは、子どもの主体性を育む活動とはいえません。

OK やりたい気持ちを
よびおこす導入をおこなう

サンタクロースをテーマに絵を描こうと思ったら、その前に歌や手遊び、絵本の読み聞かせ、みんなでサンタクロースについて話し合うなど、導入の時間を十分にとります。そして、テーマを前日に伝えておくと、描きたい気持ちをあたため、張り切って登園するでしょう。

子どもにサンタクロースに対するイメージをもたせ、どんな人でどんな服を着ていて、どんなことをするのか考えられるように進めていきましょう。

小間切れ、断片的な保育は避けたいもの。活動がつながり深まっていくからこそ、子どもは興味や関心、やる気を高め、楽しんで取り組めるのです。

> 言葉かけ
>
> 「クリスマスで一番楽しみなこと、なあに?」
> 「サンタさんはどんなところに住んでいるのかな?」
> 「サンタさんは、心の優しい人なんだね」

プラス

描きたくなったら、画用紙を取りに行く

絵を描く際に、いっせいに画用紙を配ると、子どもは「描かされている」気持ちになりがちです。十分に導入の時間をとり、描きたい気持ちが高まった子どもから取りに来るように伝えるとよいでしょう。

子どもの主体性を育むため、子どもが自分で決めたときに行動に移せるようにするのです。

表現遊び

NG 「何を描いたの？」とたずねる

作品について子どもに話す際は、いいところを具体的に伝えるようにしています。「きれいなお花が描けたね」とか「大きなおうちだね」などと伝えています。

でも、子どもが何を描いたかわからないときや声をかけるきっかけには、「何を描いたの？」とたずねます。

なぜNG？

 有能感を育てる　絵を描いた**満足感を損なう**ことになる

 主体性を育てる　子どもの**自由な発想で表現する**ことを妨げている

 子どもの味方　わかってもらえなかったという**失望を子どもに与えている**

「何を描いたの？」と聞かれると、子どもは自分では「花」を描いているつもりなのに、「この絵は花には見えないんだ」と自尊心が傷つけられ、絵を描くことが楽しくなくなる場合もあります。

また、「描いたものを言葉で説明しなくてはならない」「言葉で説明できるものを描かなくてはならない」と感じるようになり、自由な発想で表現ができなくなる可能性があります。

OK ありのままの表現を認める

　子どもの絵について話す際は、そこに表れている具体的な特徴を、プラスに受け取れるように言葉を選びます。

　画用紙からはみだすくらい大きく描かれた絵には、「大きく描けたね」、何だかわからない線や丸が描かれていたら、「楽しそうな絵だね」「たくさんの丸が描かれていておもしろいね」と声をかけます。いろいろな伝え方を用意しておくとよいでしょう。

　なお、「じょうずだね」という言葉は、絵に「じょうず」「へた」があると子どもに感じさせることになるので、避けたいものです。

言葉かけ
「色がきれいね」
「線がたくさんあっておもしろいね」
「楽しそうな絵だね」
「この絵のお話をしてくれる？」

プラス

1枚の紙芝居

　子どもは1枚の絵に思いを込めて取り組みます。出来上がったら、「みんなの紙芝居コーナー」と称して、自分の絵を見せながら語れる時間を作りましょう。「お花のなかにお姫さまがいて……」とステキな物語が生まれるかもしれません。

表現遊び

 早く作り終えた子どもを、全員が終わるまで待たせる

クラス全員を集めて折り紙をします。保育者が折り方を順に説明し、みんなで一緒に作っていきます。

早い子や遅い子、いろいろですが、目が行き届かなくなると困るので、全員が作り終わるまで、席で待たせます。

なぜNG？

 必要以上に「待つ」ことは、**子どもの発達の妨げになる**

 「みんなで一緒」に**こだわりすぎて楽しくない**

集団生活では、「待つ」時間が多いもの。友だちのために「待つ」という経験も必要ですが、「待たせすぎる」と優しい気持ちも消え、心身のすべてが停滞してしまいます。

せっかくのいきいきとした気持ちがしぼんでしまい、ひいては、その活動が嫌いになってしまう場合もあります。また、子ども同士で製作が遅い子をとがめるようになるかもしれません。

みんなで同じ活動をすることにとらわれ過ぎず、子どもを待たせる場面はできるだけ少なくするようにしましょう。

OK 「みんなで一緒」にこだわらない

子どもを待たせないためには、「みんなで一緒」にこだわらないことです。とくに製作などでは、早い子、遅い子いろいろです。早く終わった子のために、作ったもので遊ぶスペースを準備するなど、工夫したいものです。

また、いつも一緒でなくても、自由遊びの時間にやりたい子が製作できるよう、環境を整えておく方法もあります。後から来た子にはその過程を終えた子が教えるという、子ども同士のかかわりが生まれます。

言葉かけ

「まわりの友だちに、作り方を教えてあげて」
「終わった人は○○をして楽しく待っててね」
「○○ちゃん、おもしろい遊びを考えたね！」

プラス　待ち時間を楽しく過ごすコツ

どうしても「待ち時間」が発生する場合は、手遊びやクイズなどで楽しく過ごせるようにしましょう。「待たされている」と思わないよう、子どもが夢中になれる技をいっぱいストックしておきましょう。
例えば、
- 友だちの作品を、口を閉じて手を後ろに組んで見て回る（美術館鑑賞ごっこ）
- ２人一組で「おちゃらかほい」などの手合わせ遊びをする
- 絵本を自由に見る
- ほうきで掃除をしたり、場を整える

など工夫してみましょう。

表現遊び

NG　絵に時間がかかる子へ「急いでね」とせかす

絵を描くのが好きな子どもがいます。運動会の絵も細部までこだわって描き込んでいます。ほかの子が終わってもやめる気配がありません。そろそろ給食の準備をする時間なので、「みんな終わったよ」「急いでね」と声をかけました。

なぜNG？

★ **子どもの味方**：やりたいことを**存分にできる環境になっていない**

⇩ **従わせない**：指示に**従わせようとしている**

子どもはやりたいことを存分におこない、「やりきった」という気持ちをもつことで達成感を得て、自己肯定感を育てていきます。大人の都合で時間を区切ることは、その機会を逃してしまい、さらに「遅いのはだめなんだ」という価値観を与えてしまいます。

また、表現活動でこだわりを追求できず、中途半端な状態でやめさせられることが続くと、集中力が育たず、表現に対する意欲を損ねてしまう場合があります。

育てたいのは「時間内に活動を終えられる能力」ではありません。

OK 納得するまで活動が続けられる環境を保証する

　できるだけ、子どもが満足いくまでその活動を続けられるようにします。ほかの子が全員終わっても、その子の机だけ隅に寄せてそのまま取り組めるようにすることもできるでしょう。

　給食やクラス活動など次の活動に移らなければならない場合は、「後で続きをしようね」と、その後もできるようにその子のコーナーだけ片づけずにおいておきます。「心を込めて描いているね」「細かいところまでよく見ていたんだね」などと認める言葉をかけながら、ほかの子に対しても、その子の取り組みを肯定している姿勢を見せましょう。

　子どもはまだ続きができると思えれば、安心して次の活動にもスムーズに移れるはずです。

> 言葉かけ
>
> 「心を込めて描いているね」
> 「細かいところまでよく見て描いたね」
> 「後で続きをしようね」
> 「本物の絵描きさんは1枚の絵に1年もかかることもあるんだって」

プラス　描いた絵は展示する

　出来上がった絵はしまうのではなく、その日のうちにみんなに見てもらえるよう展示したいものです。友だちの表現を見ることで刺激になり、自分の絵も嬉しい気持ちで眺められるでしょう。

　描きかけの絵も見えるところに置き、「○○ちゃんはまた続きをするんだって。どんなふうになるのかな」と、友だちが興味をもって見守る雰囲気を作ります。

表現遊び

 作りかけの作品。
増え過ぎたら、さりげなく捨てる

廃材を使って自由に工作をする子どもたち。楽しく取り組み、作品がどんどん増えていきます。完成した作品は持ち帰らせますが、作りかけの作品は、自分のロッカーに入れます。ロッカーに入りきらず、あふれている子もいます。4～5日たったら壊れてくるので、そっと捨てます。子どもはめったに気付きません。

なぜNG？

子どもの味方
★ 子どもが**作品に込めた思いを大事にしていない**

発達に必要な経験
☙ **「ものを大切にする」気持ち**が育たない

　子どもが熱心に取り組んでいるとき、そこには「こんなふうにしたい」という思いがあり、その未来に向かって子どもは充実した時間を歩んでいます。
　大事なのは、完成した作品だけではありません。作りかけのものにも、表現したい思いが込められています。

　また、保育者の姿から、子どもは「ものに対する姿勢」を学びます。言い替えれば、ものを大切にしない保育者の姿は、子どもにものを粗末にすることを教えてしまっているのです。

OK 製作中のものを置くコーナーを用意する

製作中のものは、保育室に展示コーナーなどを用意して、そこに置きましょう。前日の製作の続きに取り組む気持ちも育ちます。

展示することで、ほかの子もその作品を見て「ぼくも作ってみたい」と刺激を受ける場合もあるでしょう。

「自分の作ったものを保育者が大切にしてくれる」という気持ちは、自己肯定感につながります。また、ものを大切にしようという気持ちも育てます。

製作の続きをしない子には、取り組むかどうかを問いかけ、作りかけのものをどうするか自分で決められるようにします。

言葉かけ

「続きは明日やれるように、わくわくコーナーに置いておく？」

「明日も○○くんが続きをしてくれることを、ロケットもきっと楽しみに待ってるよ」

「△△ちゃんの作りかけのカバンがずっとそのままだけど、どうする？」

プラス 作品には記名の習慣を

作品には、その子のものだとわかるよう、必ず名前を書くようにします。その子の印のシールなどを貼ってもよいでしょう。

そうすることで、保育室などに落ちていても、ほかの子が拾って「○○ちゃんのだよ」と持ってきてくれるようになります。ものを大切にするクラスになるかどうかは、保育者の姿勢にかかっています。

人間関係

友だちに「貸して」と言われたら「いいよ」と言うよう指導する

　赤いフライパンで楽しく遊んでいるAちゃん。そのフライパンを使いたくなった子どもが「貸して」と言いました。しかしAちゃんは、手を離そうとしません。

　保育者は、「貸してと言われたら、『いいよ』と返事をするのが優しい子だよね」と声をかけました。Aちゃんは仕方なく、「いいよ」とフライパンを友だちに渡しました。

なぜNG？

☆ 子どもの味方
子どもの**気持ちを受け止めていない**

❗ 主体性を育てる
子どもが**自分の行動を自分で決める機会を奪っている**

📶 人とかかわる力を支える
子どもが**自分の気持ちを相手に伝える機会を奪っている**

　まず、この保育者は、子どもが「まだ遊びたい」という気持ちを受け止めていません。トラブルを避けるため、貸してあげるように言うことで、Aちゃんのまだ使いたい気持ちを我慢させています。

　貸すのか貸さないのか、決めるのは子ども自身です。また、自分の気持ちを相手に伝えるという大切な機会を逃していることも問題です。

OK 自分の気持ちを相手に伝えられるよう促す

保育者は裁判官ではありません。トラブルになったとしても、裁くことはできません。この場合も、貸してあげることを強要するのではなく、双方の子どもに「どんな気持ち？」とたずね、それぞれの思いを言葉で伝えられるようにします。

「私も使いたい」「いまはお料理しているの。後でね」など、子どもが自分の気持ちを伝えられたら認め、相手の気持ちに気づくチャンスにしましょう。このような経験を重ね、折り合いをつけることを学んでいきます。

言葉かけ

「友だちが『貸して』って言ってるよ。○○ちゃんはどうしたいかな」
「○○ちゃんはフライパンで何を作っているの？」
「使っていることを話してあげて」

貸してもらえなかった子に
「○○ちゃん、まだ使っているみたいだね」
「もう少し待ってから、もう1回『貸して』って言ってみようか」

 プラス

子どもに経験させたいことにより、用具の数を調整

入園した頃は、子どもがやりたいことを見つけたらそれが十分にできるように、おもちゃを数多く出します。どの子どもも存分に遊べるようにするのです。

そののち、子どもの成長に応じて、そろそろ「貸し借り」の経験や順番を待つ経験をさせたい時期には、たとえば4歳児クラスで、ペンキ塗りのはけは3本のみ、どんぐり穴あけ機は1つのみという設定をします。

みんなが使いたい気持ちをもったとき、どのように感じてどう行動するかを見守ります。貸し借りで子ども同士のトラブルが起きるかもしれませんが、その経験が子どもの学びとなるのです。

人間関係

NG 友だちを仲間に「入れてあげなさい」と指導する

数人でままごとをしていると、Aちゃんがやってきて「入れて」と言いました。子どもたちは顔を見合わせ、「だめ！」と答えました。

保育者が来て、「入れてあげないのはいじわるだよ！」と声をかけました。子どもたちは困った顔をして、「いいよ」と言いました。

なぜNG？

 子どもの味方 **子どもの世界を壊してしまう**

 価値観を伝える **「みんなで仲よく」にとらわれ、本当の思いを伝えられない**

「誰とでも仲よく遊んでほしい」と思いがちですが、子どもの気持ちを察する必要があります。意地悪な気持ちで「だめ」と言っているわけではない場合も多いのです。

子どもはイメージを共有し、ごっこ遊びを始めます。そのメンバーで親密さを深めたい時期もあります。新しい子を無理やり仲間に入れることで、その世界が壊れてしまうこともあるのです。

「入れてあげないのはいじわる」という価値観は保育者が作ったものです。「入れて」と言われたら入れなければならない。「入れて」と言えば必ず入れてもらえると、子どもに間違った認識をさせてしまいます。

保育者が付き合って、その子と同じ遊びを始める

　長い人生のなかでは、友だちに仲間に入れてもらえない経験をすることもあります。そんなときに、相手の気持ちを知り、自分の思いを伝える経験を通して、相手も自分も気持ちよく過ごすにはどうしたらいいか考えて行動する術を身につけていかなくてはなりません。

　仲間に入れてもらえず、がっかりしている子どもには、「どうしてだめなのか聞いてみよう」と、一緒に行きます。どうしてもだめと言われたら、しばらく保育者が一緒に近い場所で、ままごとを始めてもよいでしょう。すると、ほかの子も集まってくるでしょう。その場を楽しくしながら、先のままごとグループとも楽しい交流が生まれるようにします。

言葉かけ

「入れてもらえなくて残念だったね」
「先生といっしょに、ここでおままごとをする？」
「隣のおうちにいってみようか。ピンポン！　こんにちは」

プラス　「だめ」な場合は、理由も伝えるように話す

　言われた子どもの気持ちも考え、「だめ」という際には、「〜だからだめなんだよ、ごめんね」と、断る側が入れられない理由も相手に伝えるよう指導しましょう。どうしたら入れるかも話すように伝えます。「この基地に入りたいんだったら、宇宙ベルトを作ってきたら乗れるよ」「赤ちゃん役ならいいよ」など。相手に配慮できる気持ちを育てます。

人間関係

NG トラブルはすぐに仲裁する

クラスの目標は「いつもニコニコ仲よしクラス」。ものの取り合いや気持ちの行き違いなどでけんかになることが多いので、しっかりと子どもたちを見張っています。少しでもけんかになりそうな気配があれば、すぐにそばへ行って二人を引き離し、「ケンカはしないよ」と仲裁します。

なぜNG?

 発達に必要な経験 トラブルを通して**子どもが成長する機会を奪っている**

 人とかかわる力を支える **人とかかわる力を育てていない**

けんかは、子どもにとって大事な経験の一つです。けんかを通して、さまざまなことを学んでいくからです。自分の思いを相手に伝える、相手の気持ちを知るなど、けんかには学びの種がたくさんあります。

トラブルのない保育は、子どもが成長するチャンスを奪っているということです。

保育者はトラブルを避けてはいけません。トラブルが起きたら、両者に何を学ばせるチャンスにしようかと考えられるのがプロの保育者です。

ただし、けがはないように気をつけます。手が出そうになったら、止めましょう。

トラブルを学びのチャンスにする

けんかが起こったら、すぐに止めに入るのではなく、自分たちでトラブルを解決する道を見出せるように見守ります。手助けが必要だと感じた場合は、子どもそれぞれにどのような経験をさせたいかを考えながら、仲裁に入ります。

そのためには、子ども一人ひとりの育ちを把握しておく必要があります。その子が次のステップに進むためには、どのような経験が必要かを考え、けんかを通してその経験ができるようにするのです。

自分の気持ちを言えない子どもには、自分で言ってみるように促します。相手の気持ちを聞けない子どもには、「○○ちゃんも何か言いたいことがあるみたいだよ。聞いてみようか」と促します。

言葉かけ

「2人とも嫌な気持ちになっちゃったね」
「どうしてこうなったのかお話してくれる？」
「○○くんの気持ち、お話ししてみて」
「○○くんの気持ちも聞いてみようね」
「上手にお話できたね」
「じゃあ、どうすればいいかな」

＋プラス 子どもの行動の背景に、思いをはせる

わざと意地悪をしてしまう子ども。決して「悪い子」ではなく、心にわだかまりを抱えていることが多いものです。家庭で嫌なことがあったり、その子自身がほかの子どもに意地悪をされていたりなど、何らかの理由があるはずです。そこに思いをはせて対処しましょう。叱るだけでは解決しません。

人間関係

NG トラブルの後、「ごめんね」と言わせる

積み木を取り合っているAくんとBくん。ついにAくんが叩かれ、泣き出しました。暴力はいけないことなので、Bくんに「叩くのはだめだよね。Aくんに謝りなさい」と叱り、「ごめんね」を言わせました。Bくんはかたい声で「ごめんね」と言ったものの、不満げな顔をしています。

なぜNG？

⭐ 子どもの**味方になっていない**
子どもの味方

📶 自分の思いを伝え、**相手の思いを聞く機会を奪っている**
人とかかわる力を支える

⬇ 子どもの**気持ちに寄りそわず、謝らせている**
従わせない

子どもが自分の思いを相手に伝えたり、相手の気持ちを聞いたりする前に、Bくんを叱り、半ば強制的に「ごめんね」を言わせることは、問題の解決になっていません。「悪かった」と思っていないのに謝らせることは、子どもにとって何の学びにもなりません。無理やり言わされることで子どもは、保育者が自分の味方ではないと感じてしまいます。

OK 理由をつけて「ごめんね」を言えるよう手助けする

　まず、子どもそれぞれに自分の思いを十分に語らせます。「そうか。そういう気持ちだったんだね」と受け止めた後で、「じゃあ、Aくん（相手）はどんな気持ちだったと思う？」と尋ねます。子どもの気持ちをくみとりながら、「叩かれて痛かったんじゃないかな」などと気づきを促し、子どもが理解するまで寄り添います。「ごめんね」を言うときは、「〜してごめんね」と、何について謝るのか理由まで言えるようにしたいものです。

　さらに、このような場面では自分がどうすればよかったのか、何と言えばよかったのか、違う行動が選びとれる学びの場としましょう。

言葉かけ

「〇〇ちゃんはどんな気持ちだったのかな？」
「どうして、そうしたくなっちゃったのかな？」
「そうならないためには、どうしたらよかったと思う？」
「それはいい考えだね」
「今日は、良いことがわかったね」

プラス

「ごめんね」は魔法のことば

　失敗は誰にでもあるもの。嫌な思いをさせてしまった相手に「ごめんね」と一言言うだけで、相手は納得して許せるようになります。そして自分もすっきりとした気分になれるのです。
　「嫌な気分にさせてごめんね」「叩いてごめんね」は、相手との関係を修復する魔法の言葉です。自分から素直に心を込めて言えるようになるといいですね。

人間関係

NG 意地悪をする子どもに、何も言わない

「Aちゃんはこっちに来ちゃダメ」「Aちゃんには、これあげない」など、Aちゃんに意地悪をするBちゃん。Aちゃんはいつも悲しそうな顔をしてうつむきます。子ども同士のことなので、保育者は口を出さず、見守っています。

 子どもに**誤った価値観を伝えている**

 人とかかわる力を育てていない

 子どもが**楽しく過ごせていない**

子どもが自分たちの遊びの世界を守りたくて、ほかの子を仲間に入れたくないという気持ちが生まれる場合もあります。しかし、人を傷つける行為は、やってはいけないこと。保育者が見ているにもかかわらず、何も言わないということは、「その行為はしてもいい」というメッセージを子どもに与えてしまいます。

やってはいけない！ 保育のNG 遊び・人間関係編 第2章

真剣な態度で向き合い、子どもに気づかせる

特定の子どもに意地悪をし続けるなど、人としてやってはいけないことをした場合、保育者は真面目な顔で「それは、よくないことだよ」と伝えます。保育者の真剣な態度に、子どもは気づくところがあるはずです。

同時に、このような子ども自身、ストレスを抱えていることが多いものです。家庭で何かあるのかもしれません。満たされない思いを抱えているのかもしれません。子どもの様子をしっかり観察し、その理由を探ります。その子を認めたり、満足感を味わえるように援助したり、活躍の場を与えたりすることで、よい方向へ導きたいものです。

言葉かけ

「どうして○○ちゃんはダメなの？」
「○○ちゃん、悲しそうだよ」
「○○ちゃんがそんなことをすると、先生は悲しいよ」
「○○ちゃんは、△△ちゃんがきっと好きなんだよ」

プラス

相手のよさに気づくきっかけを

特定の子どもが気になるということは、関心があるということです。いつも意地悪をする子どもとされる子どもで、2人の楽しい活動を計画しましょう。

一緒に花に水をやったり、ほかのクラスへ届けものをしたりと、気持ちよくともにできる活動に誘ってみましょう。一緒に行動する中で、話をしながら相手のよさに気づけるようにしていきます。

SCENE
登園
集まり
散歩
生活
食事
降園
記録・引き継ぎ
園行事
自由遊び
設定遊び
表現遊び
人間関係
保護者対応
マナー

人間関係

NG 「暴力はいけません！」とくり返し言う

気に入らないことがあると、まわりにいる人をたたいたり蹴ったり、物を投げたりする子どもがいます。暴力はいけないことなので、その都度、「暴力はいけません！」と叱ります。耳にタコができるくらいに言い聞かせて、刷り込むようにしています。

なぜNG？

☆ 子どもの味方になっていない

⬇ 子どもの気持ちをくみとらず、従わせようとしている

　暴力はいけない、それは正論です。しかし、正論では、子どもの気持ちをすくうことはできません。何度も叱られているなら、その子も暴力はいけないことだとわかっているはず。

　それでもくり返してしまうのはなぜなのでしょうか。なぜ暴力でしか気持ちを表せないのでしょうか。何か理由があるはずです。子どもの気持ちをくまず、ただ正論をふりかざす保育者に、子どもはわかってもらえない悲しみを抱くことになるでしょう。

子どものやりたいことを応援し、保育者は子どもの味方だと伝える

　気に入らないことがあると人や物にあたる子どもは、ふだんから欲求不満で、イライラした気持ちで過ごしているのでしょう。いったい何が気に入らないのか、何がその子の望みなのか推し量ってみましょう。
「○○くんはどうしたかったのかな？」と尋ねてもよいでしょう。「そうか、○○くんはこんな気持ちだったんだね」と語るだけで、その子はわかってもらえたと喜びを味わえるでしょう。
　次に、その子の思いがかなえられるように全力で援助します。そのイライラが家庭の事情などであっても、園にいるときは満足して過ごせるように、子どもがやりたいことを探して思いっきりできるように応援し、満足感や自己肯定感を育てていきます。
　保育者が自分の味方だと感じると、子どもの気持ちは次第に落ち着いてくるでしょう。

> 言葉かけ

「たたきたい気持ちになったんだね」
「どうしてたたきたくなったのか、お話しして」
「そうか、○○がいやだったんだね」
「そんなとき、たたかなくても、○○って言えばわかってくれるよ」
「何して遊びたい？」
「先生、応援するよ」
「○○くんは、ホントは心の優しい子なんだよ」

3・4・5歳児に
たっぷり経験させたい遊び

3歳児　全身運動

　全身のバランスを含め、運動能力が発達する時期です。全身運動をたくさん経験することにより、手先の運動技能や知的な発達も促されます。「運動」という形ではなく、「走る」「跳ぶ」「転がる」などの全身運動が自然に経験できるような遊びを積極的に取り入れます。

【おすすめの遊び】
鬼ごっこ、相撲ごっこ、マット遊び、三輪車……

4歳児　豊かな素材体験

　手先の機能が発達する時期です。身近な用具、素材に興味をもち、使い方を知り、繰り返し遊びながら扱いに慣れるようにします。できるだけさまざまな素材を用意し、子どもがすぐに手に取れる場所に置きます。多くの素材体験があることで、「これを作るにはこの素材が適している」と選んで使えるようになります。

【おすすめの素材】
段ボール、和紙、スズランテープ、紙テープ、ビニールテープ、ガムテープ、クレープ紙……

5歳児　協同的な遊び

　友だちと共通の目的をもち、それを実現するために協力して遊びを進めていくことが可能になる時期です。その過程で子どもはさまざまな発見をしたり、思考する、想像力を働かせる、友だちと役割分担をする、自分の気持ちをコントロールするなどの経験を積んでいきます。

【おすすめの遊び】
基地づくり、ショーごっこ、おばけやしきづくり、プラネタリウムづくり……

第3章

保護者対応のNG

保育者は保護者とどのように向き合うべきでしょうか。
NG行為を通して、保護者対応のポイントを学びます。

保護者対応

他の子どもと比べて、できないことを告げる

卒園までに鍵盤ハーモニカで「キラキラぼし」が弾けるようになることが目標。Aちゃんはまだ指がおぼつかないので家庭でも協力してほしいと思い、保護者に「できていないのはAちゃんだけです。おうちでも取り組みを見てあげてください！」と伝えました。

保護者は困った顔をして、うつむきました。

おうちでも取り組みを見てあげてください！

なぜNG?

子どもの味方

☆ **子どもの最善の利益を考えていない**

● **保護者が不安になる**

● **保護者との信頼関係が崩れる**

まずは、言われた保護者の気持ちを考えてみましょう。「あなたの子はほかの子より劣っています」と言われたわけです。落胆しますし、もしかしたら、「あなただけ弾けないの!?」と子どもに怒りをぶつけるかもしれません。

本来、子どもの教育内容を担うのは園の保育者です。プロの保育者が教えることを怠り、保護者にそれを補うように伝えるのは恥ずべきことです。

OK 小さな進歩を、うれしく伝える

「○○ちゃんは鍵盤ハーモニカに取り組んでいて、ドドソソララソのところが上手に弾けるようになりました」と、努力していることやその子なりにできるようになったことを中心に伝えます。

すると、保護者はうれしくなり、子どもに「弾いてみせて」と言うなど、興味をもって働きかけてくれるでしょう。

園ではしっかりその子に寄り添い、少しずつ弾けるようになる喜びを味わえるようにしましょう。

言葉かけ
「鍵盤ハーモニカに熱心に取り組んでいますよ」
「努力して、ここまで弾けるようになったんですよ」

プラス その子のよさに目を向ける

保育は集団でおこなうため、集団活動から外れる子どもを否定的な気持ちで見てしまうことがあります。また、子ども同士を比較し、できない点に目がいく場合もあります。
「ここが足りない」と子どもの不足しているところを見るより、「ここができるようになりつつある」「ここが○○ちゃんのいいところ」と、伸びようとしている側面やプラスの面に目を向けることを意識し、保護者に伝えたいものです。

保護者対応

 保護者からの要望は、すぐに受け入れる

「次のグループ替えでは、Aちゃんと違うグループにしてください」と保護者から言われました。

保護者からの要望なので、すぐに「はい、わかりました」と答えました。

なぜNG?

 子どもにとっていいことかどうかを、吟味していない

● 園として共通理解する前に受け入れている

保育者はまず、子どもの味方であるべきです。保護者からの要望は、子どもにとってよいことであれば受け入れてもかまいませんが、そうではないことを受け入れてはなりません。子どもの最善の利益になるかどうかが判断基準です。

また、保育は1人でするものではなく、チームとして他の保育者と連携しておこなうものです。他の保育者に相談もなく、勝手に決めることは許されません。即答するのは危険です。

OK 要望は「受け止める」が、その場ですぐに回答はしない。

まずは、保護者の言い分に耳を傾け、「お母さんは、そのような気持ちでいらっしゃるのですね」と、相手の思いを受け止めます。でも、「わかりました」と受け入れてはいけません。
「受け止める」と「受け入れる」は似ていますが、意味が違います。
「わかりました」は、受け入れたことを表す言葉です。このように言うと、保護者は要望が受け入れられ、そのとおりにやってくれると思います。「園で検討しますね」と、受け止めつつも、すぐには受け入れない姿勢を保ちます。
保育者が一人で決められることではない場合は、園長や主任に相談しながら検討しましょう。

言葉かけ

「お母さんはそのようにお考えなのですね」
「そのように思われる理由を教えてください」
「他の保育者とも相談します。検討させてください」

プラス

保護者の思いは「受け止める」

どんな要望を出されても、真っ向から立ち向かう敵にならないようにします。
「そのようにお考えなのですね」と受け止めつつも、「そうすると、子どもにとってはどうでしょうか」「他の保護者から見るとどうでしょうか」と、考えを導きます。
どこまでもその保護者の味方となって結論に導き、共感し、喜び合えるようにしたいものです。

保護者対応

 連絡帳で子どもの困った行動を伝える

　連絡帳は、保護者と子どもの成長を共有する大切なツール。面と向かって言いにくいことは、連絡帳で伝えるようにしています。
　今日は、「Aくんはすべり台に並んでいる友だちを押しのけて、先にすべってしまいました。ルールを守れる子どもになってほしいです」と書きました。

「…お友だちを押しのけてしまいました…」

● 保護者の「子どもに対する不安」をあおるだけになっている

● 後に残るものに、マイナスな表現は記さない

　連絡帳に書いたことは、後々まで残ります。いやなことを書かれると、保護者は何度読んでもムカムカします。子どもの欠点を指摘すると、保護者はカッと頭に血がのぼります。これは、自分をけなされているのと同じように感じるからです。
　何度読んでもうれしいことは大いに書くようにし、そうでないことは面談や電話などで話すほうがよいでしょう。

その後どのように指導したのかを、面談で伝える

連絡帳には、Aくんがすべり台に興味をもっていることやすべっているときの様子を書くことにとどめます。連絡帳は後に残るため、Aくんの興味・関心やできるようになったこと、楽しんでいることを中心に書きましょう。

気になる様子については、お迎えのときや面談など、保護者と話せる機会に伝えます。子どもの困った行動だけでなく、そのときにどのような指導をしたか、その後子どもはどのような反応だったか、今はどのような姿なのかまでを保護者に伝えたいものです。

例

「○○くんはすべり台に興味をもっています。一度すべった後も、すぐにすべりたくなり、並んでいる友だちより先に階段を登っていきました。並んでいる子に『○○くんずるい』と文句を言われ、○○くんはキョトンとしていました。『△△ちゃんも□□ちゃんも、○○くんと同じようにすべり台をすべりたくて並んで待っていたんだよ』と手を握って伝えたら、○○くんはわかったようで、うなずきました。このような経験を通して、並ぶことの意味を知っていくのだと思います」

プラス

園は社会での望ましい行動を学ぶ場

知らなくてあたりまえ。できなくてあたりまえ。それを「困った」ととらえるのではなく、経験から学ばせるのが、園という環境であり、保育者の仕事です。

保護者対応

保護者の悩みには、「大丈夫ですよ」と答える

「うちの子はおとなしい性格なので、お友だちと上手に遊べているか心配です」と、3歳児の保護者から相談を受けました。

まだ一人遊びを充実させたい子どももいます。友だちと遊べなくても問題ありません。そこで「大丈夫ですよ」と答えました。保護者は、まだ心配そうな顔をしています。

なぜNG？

● **保護者の気持ちを、受け止めていない**

● **発達について保護者に説明していない**

保育者から見てささいなことに思えても、保護者にとっては我が子の一大事。根拠も示さず、「大丈夫ですよ」とだけ言われても、保護者は突き放されたように感じてしまいます。

まずは、保護者の「心配だ」という気持ちをしっかりと受け止めることが大切です。この先、何かあっても保育者が味方になってくれると感じれば、それだけで心配が吹き飛ぶこともあるのです。

また、「大丈夫」という際には、理由をきちんと説明しなければなりません。保育者と保護者がともに子どもを育てていくのですから、情報を共有したいものです。

OK 子どもの発達と見通しを伝え、保護者の信頼を得る

保護者から相談を受けたら、まずは「ご心配なんですね」と受け止めます。どんなにささいなことでも、あるいは的外れだと感じても、子どもを思う気持ちを受け止めましょう。「お子さんのことを、いつも真剣に考えていらっしゃるんですね」と伝えると、保護者の気持ちも和らぐかもしれません。

そのうえで、保育者としての見方や園での子どもの様子を踏まえ、「〜だから、大丈夫ですよ」と説明します。さらに、「こういう姿が出てきているので、もう少ししたらこんなふうになるかもしれません」などと発達の見通しをもって伝えると、保護者はより安心できるでしょう。

> **言葉かけ**
> 「いまは○○をする時期ですから、心配されなくても大丈夫ですよ」
> 「最近は○○な姿がみられます。今は△△の面が育っていますね」

プラス 「大丈夫」ではない場合は?

保護者の心配が思い過ごしではなく、発達に問題がある場合もあります。安易に保育者が判断を下すことはできません。心配な場合は主任や園長に相談し、他の専門職につなげていきましょう。

子育て支援も保育の仕事

保育所保育指針には、保育所の役割として子育て支援の重要性が明記されています。保育所に入所している子どもや地域の子どもの保護者に対し、ともに子どもの最善の利益を考慮しながら子育てにかかわる視点をもち、保護者の養育力の向上に結びつく支援が求められているのです。

つまり、子どもだけでなく、保護者を「育てる」のも保育者の仕事。たとえば、子どもが30名のクラスの担任になったら、保護者も合わせて60名以上の担任になったつもりで取り組むべきだということです。

そのために大切なのは、保護者との信頼関係を築くことです。その出発点が、保育所での子どもの姿を伝え、ともに成長を喜び合う機会をたくさん作ること。送迎や保護者会、面談など、保護者と接する場面は数多くあります。折に触れ、子育ての楽しさや成長の喜びを共有しながら、保護者とタッグを組んで子どもを育てる関係を育んでいきましょう。

第4章

マナーのNG

保育者は子どもたちの手本として、どのように振る舞うべきでしょうか。
マナーのNG例を通して学びます。

> マナー

身だしなみ

NG

お化粧のしすぎ、しなさすぎ

だらしのない服

長めの前髪、頬にかかる横髪

通勤は自分好みの服

　汚れてもかまわないとか、楽なことを意識しすぎるあまり、化粧や服装に気を抜きすぎるのは、社会人としてふさわしくありません。一方で、自分の好みを追求するあまり、保育の邪魔になるスタイルもNGです。通勤時は自由だという考え方もありますが、登降園する親子や近隣に住む方に与える印象にも配慮が必要です。

OK 清潔感を意識し、子どもの
お手本になる身だしなみを

保育者は子どものモデルとなる存在です。何よりも大切なのは「清潔感」でしょう。子どもの前に立つのにふさわしいかどうかを基準にし、身だしなみを整えます。また、子どもにとっての大切な人的環境ですから、センスのよさも求められます。

さらに、保育者の顔は「教具」でもあります。子どもは、保育者の表情からいろいろなことに気づき、学びます。保育者は、自分の表情がよく見える化粧や髪型に留意する必要があります。

保育中は動きやすい服装でいいですが、保護者会や面談などで保護者と接するときは、きちんとした服装を心がけると、大人同士の対等な関係を結ぶことができます。スーツに着替えるのは難しくても、せめてエプロンは外すなど意識するとよいでしょう。

point
1. 清潔感を意識する
2. 表情や口元が子どもに見えるようにする
3. 社会人としてふさわしい身だしなみを整える

プラス

好印象な服を2着は用意する

参観日などのために、好感や信頼感を得られるような清潔感のある服を2着は準備しておくとよいでしょう。自分の気分もよくなり、気持ちよく保育することができます。

> マナー

あいさつ

無表情

聞こえない声であいさつ

ながらあいさつ

あいさつされるのを待つ

あいさつは「あなたに会えてうれしい」という気持ちを伝えるものです。無表情やぞんざいな態度では伝わりません。そもそも声が届かないのでは意味がありません。

担当ではないクラスの子どもや保護者だからといって、自分からあいさつしないのもNG。子どもや保護者は、他のクラスの担任も覚えています。自分が覚えていないからといってあいさつしないのは失礼です。

OK 相手の目を見て、笑顔ではっきりとあいさつをする

相手の目を見ながら、笑顔で、はっきりと。これがあいさつの基本です。

声をかけられる前に、自分からあいさつをすることも大切です。こちらにはそんなつもりはなくても「他の保護者にはあいさつしたのに、私にはしてくれなかった」とかたくなになる人も、ときどきいるものです。

その日一日の気分にも影響する朝のあいさつは、とくに大切にしたいもの。その人の気持ちを表情から見てとり、ふさわしい声の大きさや表情、動作を工夫します。

point

1. 目を見て笑顔で
2. 自分から先
3. 正しい姿勢
4. 相手に聞こえる声
5. 相手にふさわしいあいさつを工夫する

プラス　あいさつで、保育のスイッチを

あいさつは、園で出会う人全員にします。子ども、保育者同士、保護者はもちろん、園に出入りする業者や近隣に住む方などにも、気持ちのよいあいさつをしましょう。そのような姿を子どもはよく見ています。プライベートでいやなことがあっても、気持ちを切り替え、プロの保育者として「園の顔」であることを意識します。そのように心がけていると気分が変わり、保育者としてのスイッチが入るはずです。

> マナー

立ち居振る舞い

無作法な振る舞い

がさつな振る舞い

失礼な態度

感じの悪い態度

なぜNG?

　子どもは保育者が好きであればあるほど、保育者のまねをするものです。保育者のすることはいいこと、と信じているからです。
　子どもにまねされては困ることは、すべてNGと理解しましょう。誰もいないところでも、子どもや保護者、ほかの職員に常に見られているつもりで振る舞いましょう。

マナーのNG 第4章

OK 美しく、ていねいな立ち居振る舞い

保育者の日常の所作の一つひとつが子どものモデルとなることを意識します。

姿勢のよさは、それだけで好印象。歩き方もタラタラとせず、背中を伸ばしてすっすっと歩くようにすると、清々しく快活なイメージです。

座るときに足を組んだり、髪をいじったりするくせなどは、相手に不快感を与えるので気をつけます。自分では気づきにくい場合もあるので、家族や友人、職場の同僚などに気になるところを指摘してもらうのもよいでしょう。

マナーを「守らなければならないルール」ととらえると窮屈です。「自分をステキに見せる術」として、大いに利用しましょう。

point
1. モデルになったつもりで、立ち方、歩き方、座り方を美しく
2. 不快感を与えるくせは直す
3. 指先の動きを美しく
4. 見られている意識をもって

プラス 「美しい振る舞い」を楽しむ

「畳のヘリを踏むのはマナー違反」ということを知っていますか？ 最近の住宅事情から、子どもはもちろん若い保育者の中にも、このようなマナーを知らない人が増えています。

脱いだ履物を揃える、ドアは静かに開閉する、ものは両手で手渡すなど、日本人ならではの正しいマナーを知り、自ら実践してみせるのも保育者としての仕事です。年長者の立ち居振る舞いや書籍などで学び、よりステキな保育者になりましょう。

SCENE: 登園／集まり／散歩／生活／食事／降園／記録・引き継ぎ／園行事／自由遊び／設定遊び／表現遊び／人間関係／保護者対応／マナー

マナー

言葉づかい

NG

若者言葉を使う

一文が長すぎる

やたら「お」「ご」をつける

「でも」「だけど」と逆接を多用する

「超○○」「マジ？」「うざい」などの若者言葉は、職場ではふさわしくありません。
　乱暴な言葉づかいも困りますが、過剰に「お」や「ご」をつけるのも違和感があります。また、一文が長すぎると子どもも保護者も理解しにくいでしょう。主語と述語のねじれが起こりやすくなります。「でも」と逆接の言葉を使うと、前に言ったことを否定しているようで感じが悪いものです。

OK わかりやすく、ていねいに話す

保育者は子どものモデルとして、正しく美しい日本語を話したいものです。

また、子どもであっても一人の対等な人間として認め、ていねいな言葉を意識します。子ども相手だからと赤ちゃん言葉を使ったり、親しみを表そうとしてくだけすぎる言葉を使ったりすることは避けましょう。

さらに、子どもが理解しやすい言葉で話すことも大切です。一文は短く簡潔に。一文が長すぎると、子どもには内容がうまく伝わりません。「正解」「集合」などの音読み言葉も、耳で聞くと「セーカイ」「シューゴー」と意味が頭に残らず、音が通過してしまいます。子どもにわかるように、「当たり」「集まる」などと訓読み言葉で話すようにしましょう。

point
1. 美しく正しい日本語を
2. 子どもを対等な相手としててていねいに話す
3. 理解しやすい訓読み言葉で話す

プラス　子どもに伝わる訓読み言葉

「確認する」➡「確かめる」
「完成」➡「できあがり」
「整列する」➡「列に並ぶ」
「休憩する」➡「休む」
「昼食」➡「昼ごはん」
「感動する」➡「心が動かされる」

自己管理・情報管理

プライベートの感情を職場に持ち込む

飲み過ぎ、夜更かし

他人の噂話や悪口を言う

SNSに園の出来事を書く

　プラベートで起きた出来事などを職場にもち込まないようにするのは、社会人として当然のこと。
　また、仕事での悩みや不安などを吐き出す場も注意が必要です。最近は、誰がどこでつながっているかわかりません。職場の愚痴や噂話などを安易にSNSなどに書き込むことで問題が発生するケースが続出しています。バスや電車の中で、同僚と園の話をするのもやめましょう。

手洗い・うがい、気分転換で心と体を管理する

OK

子どもの気持ちを受け止め、それに応えるにはエネルギーが必要です。保育にはいつも万全の体調、精神状態で向かいたいものです。

そのためには不摂生を控えるほか、日頃の生活習慣も整え、心も体も健康であることを心がけます。手洗い・うがいは一年を通して続けると、のどのケアにも効果があります。

また、意識してリフレッシュの機会を設け、上手に気分転換を図りましょう。保育以外に興味・関心を向けたり、職場以外の人と積極的に付き合うことも、保育者としての幅を広げます。

園での子どもの様子や保護者のことは園の外では話しません。これらは守秘義務にあたる内容です。情報を管理することも信頼される保育者としての義務です。

point
1. 心身ともに健康を心がける
2. リフレッシュして精神面の健康を保つ
3. 人としての幅を広げる
4. 園の情報は口外しない

プラス　しっかり寝るのも保育者の仕事

保育は子どもの命を預かる仕事。睡眠不足で注意力が欠けたり動作が緩慢だったりすると、いざというときに対応できないかもしれません。持ち帰りの仕事があるなどの事情があっても、最低6時間は睡眠を確保したいものです。12時前には目を閉じる習慣をつけてください。

著者

横山洋子（よこやま・ようこ）
千葉経済大学短期大学部こども学科教授

富山県生まれ。富山大学大学院教育学研究科・学校教育専攻終了。国立大学附属幼稚園の教諭、公立小学校2校の教諭を経て、2003年より現職。日本保育学会会員。著書に『保育の悩みを解決！ 子どもの心にとどく指導法ハンドブック』（ナツメ社）、『U-CANの思いが伝わる＆気持ちがわかる！ 保護者対応のコツ』（自由国民社）などがある。

保育わかばBOOKS
根拠がわかる！
私の保育 総点検

2017年8月1日　発行
2019年2月20日　初版第3刷発行

監　修　　社会福祉法人 日本保育協会
著　者　　横山洋子
発行者　　荘村明彦
発行所　　中央法規出版株式会社
　　　　　〒110-0016　東京都台東区台東3-29-1　中央法規ビル
　　　　　営　　業　Tel 03（3834）5817　Fax 03（3837）8037
　　　　　書店窓口　Tel 03（3834）5815　Fax 03（3837）8035
　　　　　編　　集　Tel 03（3834）5812　Fax 03（3837）8032
　　　　　https://www.chuohoki.co.jp/

編　集　　　　　　株式会社こんぺいとぷらねっと
印刷所　　　　　　株式会社ルナテック
装幀・本文デザイン　SPAIS（山口真里　宇江喜桜　熊谷昭典）
イラスト　　　　　みや れいこ

定価はカバーに表示してあります。
ISBN978-4-8058-5552-2

本書のコピー、スキャン、デジタル化等の無断複製は、著作権法上での例外を除き禁じられています。また、本書を代行業者等の第三者に依頼してコピー、スキャン、デジタル化することは、たとえ個人や家庭内での利用であっても著作権法違反です。

落丁本・乱丁本はお取替えいたします。